甘肃文史集萃 第一辑

甘肃省人民政府文史研究馆 编

# 唐宋敦煌史事记略

马 德 著

甘肃文化出版社

甘肃·兰州

图书在版编目（CIP）数据

唐宋敦煌史事记略 / 马德著. -- 兰州 ：甘肃文化
出版社，2024. 12. --（甘肃文史集萃）. -- ISBN 978
-7-5490-2856-6

Ⅰ. K870.6

中国国家版本馆CIP数据核字第2024DB6698号

# 唐宋敦煌史事记略
TANGSONG DUNHUANG SHISHI JILUE

马　德 ⏐ 著

策　　划 ⏐ 周乾隆　甄惠娟

责任编辑 ⏐ 刘　燕

封面设计 ⏐ 石　璞

出版发行 ⏐ 甘肃文化出版社

网　　址 ⏐ http://www.gswenhua.cn

投稿邮箱 ⏐ gswenhuapress@163.com

地　　址 ⏐ 兰州市城关区曹家巷1号⏐730030(邮编)

营销中心 ⏐ 贾　莉　王　俊

电　　话 ⏐ 0931-2131306

印　　刷 ⏐ 西安国彩印刷有限公司

开　　本 ⏐ 889毫米×1194毫米　1/16

字　　数 ⏐ 230千

印　　张 ⏐ 14.5

版　　次 ⏐ 2024年12月第1版

印　　次 ⏐ 2024年12月第1次

书　　号 ⏐ ISBN 978-7-5490-2856-6

定　　价 ⏐ 56.00元

# 总　序

2023年6月1日,习近平总书记在中国国家版本馆考察时强调:"盛世修文,我们这个时代,国家繁荣、社会平安稳定,有传承民族文化的意愿和能力,要把这件大事办好。"

延续中华民族"修史立典、存史启智、以文化人"的传统,赓续文化血脉,留住中华民族的根与魂,是每一位文化工作者义不容辞的责任。

## 存史资政,呼应时代

近年来,甘肃省政府文史研究馆始终坚持"敬老崇文、存史资政"的办馆宗旨,始终以传承弘扬中华优秀传统文化为己任,致力于打造学术精品,积极推动文化赋能地方发展。在新时代推进文史研究,深度契合弘扬中华优秀传统文化的时代精神,为繁荣发展甘肃文化事业,增强中华文明传播力、影响力,努力持久地作出新的贡献。

本套丛书收录了文史馆馆员的研究成果,是一套扎根于中华优秀传统文化、洋溢着对中华民族的历史自信与文化自信的丛书,更是甘肃省政府文史馆著书立说的延续和拓展。

## 辨章学术,考镜源流

作为各自独立的学术专著,这套丛书从纷繁复杂、波澜壮阔的西北经济、政治、社会、文化发展历史中采撷了五色吉光。丛书作者均是甘肃省政府文史研究馆馆员,他们著作等身,在学术研究,尤其是在西北地方史研究方面堪称领军人物。因此,本套丛书能不囿门户之见、不泥一家之言,呈现出生动多元的学术探索成果。本丛书中,《唐宋敦煌史事记略》《敦煌民族文献论稿》《敦煌文献及西北历史文化研究》,以翔实、细微和具体的史料研究历史,考镜源流,辨章学术,从而建立起对西北历史更深刻、更清晰的立体构架。

作者既能借助大量史料还原历史,让读者身临其境,又能以旁观者的视角为读者剖析人物事件。就像汪受宽馆员在《古史述议》中所讲:"他们的事迹是那么鲜活,他们的活动是那么精彩,他们把人性的善良和丑陋张扬到极致,他们的结局叫人恨、让人喜、令人悲、使人痛。"我们跟随作者的笔触,在"当时"与"今日"之间自由出入,窥见历史的偶然性和必然性。

《西汉水与乞巧节》则别有一种学术风度和科学精神,呈现出文史兼治、以史证文的研究特色。赵逵夫馆员以汉水、牛郎织女传说和七夕风俗三者的关系为中心,以材料和考证作支撑深入探索,揭示了一些长久被人们淡忘、忽视的史实。透过颇具浪漫主义色彩的神话传说,我们亦能深切感受到农耕文化的深厚淳朴、民间文学的生动丰饶。

### 聚焦问题,以古为新

陈寅恪先生在《敦煌劫余录》序中讲道:"一时代之学术,必有其新材料与新问题。取用此材料,以研求问题,则为此时代学术之新潮流。"《西汉水与乞巧节》《古史述议》《敦煌文献及西北历史文化研究》《唐宋敦煌史事记略》《敦煌民族文献论稿》五部专著,跨度从古代到当下,从思想到政治,从文史到民俗,为读者梳理了清晰简洁的历史脉络。既回到过去,在人类文明的灿烂遗产中钩沉拾贝,也面向今天,面向时代,面向未来,以古为新。

作为学术类丛书，本套丛书更有着极为深切的现实关怀。切近社会问题，把握时代脉搏，立足中国未来发展，保持文化的创造性活力，是传统知识分子和当代学人一脉相承的责任与使命。本套丛书，不仅在于"求真"，更重视"求解"。几部著作都突出体现了关注实践的问题意识和探究理论的独特视角。

依托甘肃粲然可观的文化遗产和文史馆馆员丰硕的研究成果，我们希冀这套丛书可以展现甘肃文史的厚重与精深，以使读者更好地感知多元一体的中华文明的丰富内涵，以及中国优秀传统文化的精神内核，从而为实现中华民族伟大复兴的中国梦提供精神动力。

是为序。

甘肃省政府文史研究馆党组书记、馆长 王华存

2024年6月于兰州

# 自　序

　　甘肃省文史研究馆主持编辑出版"甘肃文史集萃"丛书，作为新晋馆员，拙稿《唐宋敦煌史事记略》忝列其中，不胜荣幸。首先感谢甘肃省文史研究馆和甘肃文化出版社的关怀和帮助。

　　这是我的第二本文集。第一本是前不久出版的由甘肃省人大常委会教科文卫主任范鹏教授和甘肃省社会科学院副院长马廷旭研究员为总主编的《陇上学人文存·马德卷》。第一本是综合性的，虽收文不多，但涵盖了我在各个研究领域的一些代表性论文；而这第二本算是专题性的，有个主题书名的文集。多年的研究集中于自己的兴趣和学术领域的一些积累，之前有将所有的论文分类成册编辑出版的想法，大体是"史事论略""佛教史事笺证""文书个案研究"等，没想到这么快就开始实施了。虽然第一本是综述性的，但也有第二本史事类的文章收入。我需要在这里强调的是：负责第一本的遴选和编辑的，是我曾经的博士研究生、甘肃省社会科学院买小英副研究员，她的工作为第二本和以后各本书的编辑奠定了一些基础；第二本的编辑工作是由我另一位博士研究生魏睿骜同学在读期间负责的。两位同学都付出了辛勤劳动，特别是20世纪之前发表的论文，很多没留下电子本，需要一篇一篇地寻找，然后扫描转换或重新输入，工作量相当大。借此机会对他们二位表示衷心的感谢！

　　岁月如梭。1976年我进入兰州大学历史系读书，1978年10月毕业，随即进入设在敦煌莫高窟的敦煌文物研究所（1984年扩建为现敦煌研究院）工作。虽然身处石窟宝地，但由于学历史出身，最初的研究还是集中在敦煌的历史地理方面，以至于后来从事的敦煌石窟和敦煌文献研究，也基本上拘泥于石窟营造历史和敦煌历史。1992—1995年，我在中山大学攻读博士学位，还是中国古代史专业的区域历史文化研究。几十年的研究方法,也是以历史学理论方法为主的各个学科方法手段的综合运用。因此,近半个世纪以来的学业,除了敦煌研究院的前辈之外,接触最多的还是历史学界的老师,或者是在敦煌历史文化方面做出巨大贡献的老师。他们之中已经有不少魂归道山,但那一副又一副慈祥的面容,不断出现在我的眼前:已故的齐陈骏老师、史苇湘老师、欧阳珍老师、贺世哲老师、蔡鸿生老师、朱雷老师、陈国灿老师、耿升老师、刘国铭老师等;尚健在的导师姜伯勤教授,以及卢苇老师、施萍婷老师、刘光华老师、李蔚老师等恩师们,作为一个年近古稀的老学生,谨以此书,给你们交上一份汇报吧。

需要说明的是,本书所收大部分文章发表于多年前,没能吸收近年相关研究的他人新成果,特此致歉。另外,本书收集的关于敦煌文献的几篇文章,原本也想收入敦煌文献个案研究类,但因为其中重要的历史记载,故先收入此册。

早就听人说过:个人出论文集,标志着这个人学术生涯的终结。这话有一定的道理:退休多年,早就应该"金盆洗手",远离"江湖",含饴弄孙,颐养天年。但各人情况不同,特别作为敦煌学人,感觉欠了老祖宗的债,永远也还不清了。所以对我来讲,这本论文集的出版,并不是收手的开始,只能是学术道路上的一个站点,以后还有更多的事要做。

是为序。

# 目 录

1

# 敦煌的世族与莫高窟

莫高窟的营造能延续千年之久,其中有一个很重要的原因,就是敦煌的世家大族长期占领和活跃在敦煌的社会舞台上。莫高窟主要的大型洞窟,基本上是由敦煌各个时期的世家大族所营造的,并成为他们的祖先旧业而世袭相承。十多年前,史苇湘先生就曾精辟地论述过这一问题。[①]国外学术界在敦煌世家大族的研究方面,日本学者仁井陞升先生、池田温教授早年发表过一些论文;[②]藤枝晃先生在关于莫高窟营造史料的研究中也涉及敦煌大族问题;[③]在 1980 年出版的《敦煌讲座·3·敦煌社会》一书中对日本学者的研究成果做了总结。[④]除了史苇湘先生外,牟润孙先生、毛汉光先生等早年也做过研究;[⑤]唐长孺先生在其名著《魏晋南北朝隋唐史三论》中对敦煌大族有专门论述;[⑥]姜伯勤教授的新著《敦煌社会文书导论》[⑦]及新作《敦煌邈真赞与敦煌名族》[⑧]在回顾国内外这方面研究成果的同时,又提出了一些新的问题。

鉴于敦煌的世家大族在历史上有不同于中国其他地区大族的许多特殊之处,特别是和莫高窟历史有不可分割的关系,所以笔者在上述先辈专家、学者所论之基

---

①史苇湘:《世族与石窟》,《敦煌研究文集》,甘肃人民出版社,1882 年。

②[日]仁井田陞:《中国法制史研究》第 3 部,东京大学出版会,1962 年。[日]池田温《唐代的郡望表》上、下,载《东洋学报》第 3、4 号,东京 1959,1960 年;《八世纪初的敦煌氏族》,载《东洋史研究》24—3,东京 1965;《唐朝氏族志之一考察——围绕所谓敦煌名族氏残卷一》,载《北海道大学文学部纪要》13—2,札幌 1965,等。

③[日]藤枝晃:《敦煌千佛洞之中兴》,载《东方学报(京都)》第 35 号,1964 年。

④《敦煌讲座·3·敦煌之社会》,东京大东出版社,1980 年。

⑤牟润孙:《敦煌唐写姓氏录残卷考》,《文史哲学报》1951 年第 3 期。毛汉光:《敦煌唐代氏族残卷之商榷》,载《"中央研究院"历史语言研究所集刊》43 卷 2 期;《中国中古社会史》,联经出版事业公司,1988 年。

⑥唐长孺:《魏晋南北朝隋唐史三论》,武汉大学出版社,1992 年。

⑦姜伯勤:《敦煌社会文书导论》,新文丰出版公司,1992 年。

⑧姜伯勤:《敦煌邈真赞与敦煌名族》,载饶宗颐主编,《敦煌邈真赞校录并研究》,新文丰出版公司,1994 年。

础上,谈几点自己的体会,以求教于方家。

一

从西汉到宋初的千余年间,敦煌先后有李、曹、张、索、翟、阴、阎、氾、罗、阚、令狐、慕容、马、王、宋、杜、吴、康等大族。他们的来源主要有四个方面:一是受朝廷赐封而"从官流沙,子孙因家,遂为敦煌人也",如翟氏[①];二是"徙居敦煌,代代相生,遂为敦煌望族",如索氏[②];三是因发配贬谪而亡命敦煌,子孙繁衍,成为敦煌世家,如李氏[③];四是归附中原王朝的一些少数民族首领部落,定居敦煌后很快成为大姓豪族,如令狐氏、慕容氏。[④]他们之中有汉晋凉州经学世家,如索氏、氾氏、阴氏等;有汉晋敦煌旧族,如曹氏、张氏、翟氏等;也有在各个时期先后崛起的军事贵族,如阎氏、康氏等。这些世族大姓之间互相通婚,形成一块铁板式的敦煌世家大族统治集团,长久地、牢固地保持着他们在敦煌的政治势力和经济实力,成为不同时代的统治者们所依靠的对象,即中原王朝的地方官要依靠他们,入侵的吐蕃贵族也要依靠他们,割据的小王国政权更要依靠他们。在这块汉晋世家基址上形成的封建土壤,培植了这些根深蒂固、枝繁叶茂的谱系之树。

魏晋南北朝时期,敦煌作为一块文化宝地,在敦煌大族中先后涌现出一批文化名流,如书法家张奂、张芝父子,以索靖为首的"敦煌五龙",天文学家赵歐,地理学家阚骃,建筑学家李冲,思想家和教育家敦瑀、宋纤、刘昞,医学家张存,音乐家索丞等。[⑤]同时,由于九品中正制的实行,像索氏这样的高门子弟可直接入仕,如索靖官

---

①见敦煌文书 P.4640《翟家碑》。

②见敦煌文书 S.530、P.4640、P.2021《沙州释门索法律窟铭》。

③见敦煌莫高窟第148窟前《大唐陇西李氏修功德记》,即《大历碑》。

④陈国灿:《武周瓜、沙地区的吐谷浑归朝事迹——对吐鲁番墓葬新出敦煌军事文书的探讨》,载《1983年全国敦煌学术讨论会文集(文史·遗书编)上》,甘肃人民出版社,1987年。

⑤详见崔鸿《十六国春秋》。史苇湘:《丝绸之路上的敦煌与莫高窟》,载《敦煌研究文集》,甘肃人民出版社,1982年。

至司徒,索班、索迈等成为名震西域的政治家和军事家。①历代敦煌地方的统治者也大都出自敦煌大族。5世纪初,在河西建立西凉割据王国的李氏,也是当时的敦煌大族。

莫高窟初唐第220窟舞蹈图

隋唐以降,就全国范围内讲,"各地的旧门阀业已丧失过去由制度所保证的政治经济特权,但……由于地域环境的差别和历史遭际的不同,各地区的旧门阀业在社会政治上的地位亦各有不同"②。敦煌地区由于远离中原,较少受到农民起义的打击,世家大族的政治地位得以保存。以至于张、曹二氏在9、10世纪先后成为设在敦煌的河西归义军政权的主宰。

———————————

①史苇湘:《世族与石窟》,《敦煌研究文案》,甘肃人民出版社,1882年。

②唐长孺:《魏晋南北朝隋唐史三论》,武汉大学出版社,1992年。

　　然而,由于敦煌的世家大族在历史上最活跃的时期,即文献资料最丰富的时期是在唐代以后,具体地说,是在吐蕃和归义军时期的8—10世纪,所以根本无法同魏晋时期的门阀士族相提并论。只是出于政治上的需要,攀附高门望姓,希冀自己和妻母有高贵而漂亮的邑号,即所谓"茅土定名,虚引它邦"①,实际上许多敦煌郡望的大姓是在南北朝以后到敦煌繁衍生息的,都跻身于汉晋礼教之门②;标榜"夫人立身在世,姓望为先,叵不知之,岂为人子"③? 因之而冒称郡望,不择手段地抬高自己的门第,以保持自己在敦煌的地位。这里以敦煌李氏为例:

　　敦煌李氏本为汉李陵之后,属代北李,是中原的旧门大姓。④北周时期有李穆一支,其子李操因谪贬而迁居敦煌,子孙繁衍,保持大姓雄威,但所有敦煌的李姓都称"陇西李氏"。最早记载敦煌李氏资料的是《圣历碑》,碑主李克让在述其先祖时云:"李广以猿臂操奇,李固以龟文表相。"⑤这里讲李广并没有错,因为李陵也是李广之后,但李陵对李氏来说一直是羞于启齿的,然而又拉上李固,就不得不使人产生疑问。稍后几年的《李庭光碑》,谓庭光为西凉李暠之后,⑥这是敦煌李氏文献中称李暠之后最早者。到《大历碑》时,碑主(《圣历碑》碑主李克让之孙)李大宾,为了说明自己是李暠之"十三代孙",将其族谱做了彻头彻尾的篡改:先将自己六世祖李文保(系李穆之父)改为李暠之孙李宝,将李穆在6世纪后期的北周、杨隋之际的职务毫无根据地强行套在6世纪前期的北魏重臣李宝头上,又将自己的四世祖(《圣历碑》碑主李克让之祖父)李操的职务加在自己祖父李怀操(李克让之弟)头上,使

　　①刘知几《史通》。参见唐长孺《魏晋南北朝隋唐史三论》;姜伯勤《敦煌邈真赞与敦煌名族》。

　　②姜伯勤:《敦煌社会文化导论·氏族》,新文丰出版公司,1992年。

　　③敦煌文书S.2052《新集天下姓望氏族谱》。参见唐长孺《魏晋南北朝隋唐史三论》。

　　④参见孙修身《敦煌李姓世系考》,载《西北史地》1983年第3期。

　　⑤《大唐李府君莫高窟修佛龛碑》,残碑存敦煌研究院;又敦煌文书P.2551。参见李永宁《敦煌莫高窟碑文录及有关问题(一)》,载《敦煌研究》1981年试刊第1期。

　　⑥《李庭光莫高窟灵岩佛龛碑》,敦煌文书S.1523＋上博40。参见拙作《三件莫高窟造窟文述略》,载《敦煌研究》,1994年第4期。

这位生活在唐代敦煌的普通贵族担任了隋朝的"大黄府车骑将军"。[①]一百多年后，《乾宁碑》碑主李明振(李大宾的重孙)又与李唐皇帝攀为宗亲，[②]进一步抬高了李氏在敦煌地区的声望。由于记载混乱，敦煌李氏到底出自何家何地，恐怕连他们自己也无法搞清楚了。但可以肯定的一点是，李庭光与李克让不是一系，《圣历碑》没有和李暠挂钩，说明作为敦煌李氏主干的李克让、李大宾、李明振一系，根本不是李暠之后(当然也和李唐宗室不是一系，因李唐宗室亦非出自李暠)。如果说西凉王李暠唐代还有后人在敦煌的话，李庭光可能可靠一些。

从李氏根据需要任意修改族谱的事例看，说明唐代敦煌世族的实际谱系已经不太明确。又据 P.2005《沙州都督府图经》记载，唐开元年间(713—741年)修建张芝庙时，把不同辈分的敦煌张姓官宦均称作张芝的第十八代孙，同样说明这一问题。[③]形成这一现象的历史原因是，唐代地主阶级内部已无士籍之别，人们攀附高门旧望，并不像实行"九品中正"的魏晋南北朝时期那样为了直接入仕，而是按照习惯在必要时安上郡望而已。[④]这样，就使敦煌的旧族力量不断壮大，又不断涌现出一批批新的"名门望族"。我们今天所看到的各类碑、铭、赞、记资料所记载的各个阶层、各种职业的敦煌人，无一不是出自中国历史上有名的大族之家。

在敦煌的世家大族中，历史上曾经出过一些有名的政治家、军事家和文化人物，为敦煌、河西、西域乃至整个中华民族的强盛和繁荣做出过重大贡献。如唐朝中期吐蕃进攻敦煌时，军政职务并不高的敦煌豪强阎朝就果断地杀死不愿抵抗的河西节度使周鼎，自领州事，以敦煌世族为主体的敦煌民众在阎朝地率领下抗击吐蕃达十一年之久。[⑤]又如，吐蕃统治敦煌时期，也是依靠敦煌大族，使他们的经济利

---

①《大唐陇西李氏修功德记》，碑存莫高窟148窟；又见敦煌文书 P.3608。参见李永宁《敦煌莫高窟碑文录及有关问题(一)》，载《敦煌研究》1981年试刊第1期。

②《唐宗子陇西李氏再修功德记》，碑存莫高窟148窟；又敦煌文书 P.4640。参见李永宁《敦煌莫高窟碑文录及有关问题(一)》，载《敦煌研究》1981年试刊第1期。

③姜伯勤：《敦煌邈真赞与敦煌名族》，载饶宗颐主编《敦煌邈真赞校录并研究》，新文丰出版公司，1994年。

④唐长孺：《魏晋南北朝隋唐史三论》，武汉大学出版社，1992年。

⑤见《新唐书·吐蕃传》。

益和政治势力没有受到大的损害,这就在一定程度上保存了汉唐文化和传统。9世纪中期,率领敦煌各族民众驱逐吐蕃的张议潮,自己本身依附于旧族,所依靠的也主要是敦煌地方世家大族的势力。

在全国大一统时期,敦煌世族对中原朝廷似乎不曾构成过威胁,但在地方割据政权时期,比如张、曹归义军时期,像索氏、李氏、慕容氏等家族可以在一个时期内控制其政权,并敢与张、曹家族平分敦煌天下甚至可取而代之。所以,尽管当时已是9、10世纪,敦煌地方的世族豪强的政治势力在一定程度上似乎仍然可与魏晋时期并论。

## 二

因为敦煌在历史上实际上是世家大族的敦煌,所以从某种意义上讲,莫高窟的营造历史实际上也是敦煌世家大族历史的一部分。显赫于敦煌历史上的敦煌世家大族都参与过莫高窟的营造,莫高窟的大窟绝大多数是敦煌世家大族所造。

首先需要说明的是,在莫高窟营造大窟的敦煌世家大族,有一般的大族家族,也有出自这些家族的官宦和高僧,其所造大窟之名号,包括一些以官宦之职务称号命名的大窟和一些以高僧职务命名的大窟,无一不在前面冠以这些世家大族姓氏,有一些高僧所造大窟则直接冠以窟主之俗姓而称为"家窟"。另外,在张、曹归义军时期,世家大族营造大型佛窟,往往是为了庆祝和纪念窟主本人(官宦或高僧大德)升迁高职,以及带给其家族的荣耀,同时也显示该家族的政治势力和经济实力。所以,在莫高窟的大窟中要区分其窟主为僧为俗,就没有多大实际意义了。

我们已经知道,敦煌的历代统治者们,无论是中央王朝的地方官还是割据政权的首领,他们绝大多数出自敦煌的世家大族。因此,他们对莫高窟的营造也属于敦煌世家大族莫高窟营造史的一部分。沮渠蒙逊以下,东阳王元荣、建平公于义都是皇族,他们在敦煌的时候自然也是世家豪族;到隋代的大都督王文通、唐代的沙州刺史李庭光,都出自敦煌本地的大族;而执掌河西归义军政权的张、曹二家族,更是敦煌地区的豪强。

　　就莫高窟洞窟及敦煌文书现存文献可知,有最早铭文记载的"家窟"为西魏时期敦煌阴氏家族营造的第285窟。阴氏为武威郡望,望于敦煌要到"隋唐以来",但第285窟与东阳王元荣有直接关系,[①]说明阴氏在西魏时期已有一定实力。阴氏所造大窟多在唐以后,如阴祖与僧人灵隐(其俗姓当是阴)所造北大像第96窟,阴某所造第321窟,阴稠及其子孙所造第217窟,阴嘉政所造第231窟,阴海晏所造第138窟等。以上这些"阴家窟"都是莫高窟的大窟和名窟。阴氏家族雄居敦煌数百年间,为莫高窟营造历史写下了极其辉煌的篇章!

　　文献中记载最多的是唐朝时期敦煌李氏家族在莫高窟的造窟"功德"。如《圣历碑》所记第331、332窟的营造,《大历碑》所记第148窟的营造,《乾宁碑》所记第148窟和"当家三窟"(拟即第55窟门顶小龛、第56、57窟)的重修等,上述洞窟都被称为"李家窟"。不管敦煌李氏出自何人,望自何地,他们在莫高窟营造史上堪称最活跃的家族。

　　据《吴僧统碑》记载,敦煌吴氏之先吴绪之,是唐朝中期因在与吐蕃战争中率家随军移居敦煌的。绪之和他的几个儿子于吐蕃占领时期在敦煌多营佛事,其第三子即敦煌历史上有名的洪䛒和尚。在记录莫高窟崖面的历史文献《腊八燃灯分配窟龛名数》中,记载南大像之南有一座要燃灯四盏的"吴家窟",据笔者考证,它应该是建于吐蕃统治前期的第152窟及其两边的耳窟第153、154窟,[②]此一组三窟虽在后代经过重修,但在第153、154窟内还保有原修时期的壁画,其窟主当非吴绪之父子莫属。修造这样一处大窟,充分显示了这个刚到敦煌不久的家族强大的经济实力。之后,吴和尚洪䛒又营造了第366、367窟(七佛堂)和莫高窟三大地面洞窟之一的第16窟,即吴和尚窟。几十年的时间里,吴氏一家在莫高窟崖面上留给我们这么多的大型洞窟,实乃壮举!

　　据敦煌的天文、地理学家翟奉达所书"检家谱"记载,早在北周时期,敦煌的"浔

①贺世哲:《从供养人题记看莫高窟部分洞窟的营建年代》,载《敦煌莫高窟供养人题记》,文物出版社,1986年。
②参见拙作《吴和尚·吴和尚窟·吴家窟》,载《敦煌研究》,1987年第3期。

阳翟氏"就在莫高窟镌龛为"圣容立像";唐贞观十六年(642年),乡贡明经朝议郎行敦煌州学博士翟通在莫高窟建成名窟第220窟;100多年后的天宝十三载(754年),翟氏家族于莫高窟又造一窟,并留下《浔阳翟氏造窟功德碑》[①]一方;又过了100多年,翟氏家族中出了一位"名驰帝里,誉播秦京,敕赐紫衣,陛阶出众"[②]的大德高僧法荣,他在担任归义军的河西都僧统期间,建造了自己的"功德窟"——第85窟,以庆祝和纪念自己的升迁,这就是著称于莫高窟历史上的"翟家窟";10世纪初,继其先祖之业袭任归义军节度使随军参谋兼州学博士的天文学家翟奉达,重修了第220窟。另外,10世纪中期翟氏一位小姐嫁于节度使曹元忠为夫人,她协助曹元忠主持了第61、55、53大窟的营造,[③]还于966年亲自主持重修了第96窟北大像。[④]以上都说明,敦煌翟氏家族与莫高窟有不可分割的关系。

敦煌的"钜鹿索氏"在莫高窟崖面上留下的大窟,主要有建于吐蕃时期的第144窟和建于张氏归义军时期的第12窟,前者为索氏家族所修"报恩之龛",后者窟主为敦煌金光明寺之高僧义晋,由当时的河西都僧统悟真撰写的《沙州释门索法律窟铭》同洞窟一道流传后世。

敦煌的"太原王氏"是唐朝前期因官而移居的大族。10世纪前期,王氏家族中出了一名担任河西都僧统高职的和尚,这位王和尚大概因年事已高,所在职时间不过三个年头,这就来不及专门营造大窟,而是用重修和改修自己先前所建大窟的方法来庆祝和纪念自己的升迁,这个洞窟就是今莫高窟第143窟,它以"王家窟"之名著称于莫高窟历史上,[⑤]给敦煌王氏家族带来无限荣耀。

敦煌慕容氏是唐朝前期归附唐朝的吐谷浑的一部分,[⑥]有比较强大的经济实

---

① 翟氏造窟碑,天宝甲午(754年)立,残碑石现存敦煌研究院。
② 见敦煌文书P.4640《翟家碑》。
③ 见《敦煌莫高窟供养人题记》,文物出版社,1986年。
④ 见敦煌文书CH00207《宋乾德四年重修北大像记》。
⑤ 参见拙作《都僧统之"家窟"及其营建》,载《敦煌研究》1989年第4期。
⑥ 陈国灿:《武周瓜、沙地区的吐谷浑归朝事迹——对吐鲁番墓葬新出敦煌军事文书的探讨》,载《1983年全国敦煌学术讨论会文集(文史·遗书编)上》,甘肃人民出版社,1987年。

力,在敦煌定居后迅速接受了汉族文化,也参与到营造莫高窟的敦煌世家大族队伍中来。曹氏归义军初期,慕容氏家族营造了莫高窟崖面上现存二层以上的最大窟——第256窟,其后又多次对此窟进行重修。976年前后,该氏又协助在位只三个年头的曹氏归义军第五任节度使曹延恭(慕容氏之女婿)重修了第454窟,并将其家族祖孙几代的巨身供养像画于该窟甬道北壁,同南壁的曹氏祖孙三代六任节度使的供养像并列起来,表现出一种欲与曹氏平分或争夺天下的气势。毋庸置疑,在当时及其后一个比较长的时期内,慕容氏是敦煌地区很有实力和影响力的一个大族。

敦煌阴氏自称"太原鼎族,应质降诞于龙沙;西裔高枝,实是敦煌大荫,"①著名抗蕃首领阴朝、张氏归义军初期的首席大将阴英达均为其后。阴氏家族还出过像会恩那样的高僧大德。980年,担任曹氏归义军紫亭县令的阴员清主持重修了第431窟窟檐,另外阴子延曾作为杜氏家族之女婿参与杜氏营造第5窟事。②因此,这个显赫于敦煌历史上的世家豪族也在莫高窟留下了痕迹。

敦煌杜氏自称出自京兆,汉晋时期就已在河西和敦煌安居。历史上,文士武将代不乏人,大德僧尼更是层出不穷。莫高窟有名的杜家窟(第76窟)即由杜氏高僧所造,960年前后,杜彦思、彦弘兄弟等营造了第5窟,该窟在其后不久又由一位新任大德的杜姓高僧对其窟檐进行了重修,更值得称道的是,此次重修为我们保存了十分珍贵的我国古代木构建筑史料《新大德造窟檐计料》。③

世居敦煌的"清河张氏"在莫高窟营造了第201窟这样的大窟。

根据《腊八燃灯分配窟龛名数》的记载,莫高窟还有如宋家窟(第146、72窟)、陈家窟(第320窟)等大窟,④都是历史上"广平宋氏""颖川陈氏"等世家大族所营

---

①敦煌文书P.3630+P.3718《阴会恩邈真赞》,参见姜伯勤《敦煌邈真赞与敦煌名族》。

②贺世哲:《从供养人题记看莫高窟部分洞窟的营建年代》,载《敦煌莫高窟供养人题记》,文物出版社,1986年。

③参见拙作《九州大学文学部藏敦煌文书新大德造窟檐计料探微》,坂上康俊译,载《史渊》131辑,1994年3月。

④本节所述洞窟名号均出自《腊八燃灯分配窟龛名数》,参见拙作《10世纪中期的莫高窟崖面概观》,载《1987敦煌石窟研究国际讨论会文集·石窟考古编》,辽宁美术出版社,1990年。

造。限于篇幅,兹不一一列举。

三

前面谈过,敦煌世家大族在莫高窟的洞窟营造者(窟主)们,无论其为僧为俗,所造大窟一律被称为家窟。又,敦煌地区的历代统治者在莫高窟营造的许多大窟,多以他们自己的官职或封号的称呼来命名,如"大王窟"(第98窟)、"司徒窟"(第94窟)、"天公主窟"(第100窟)、"太保窟"(第428窟)等,我们把这些洞窟称作莫高窟的"官宦窟"。实际上这些洞窟也是"家窟",即由统治者家族(或后来不再是统治者)世代相承,因为这些统治者家族不论是否为统治者,无一例外都是敦煌地区的世家大族,他们的子孙在敦煌地区完全消失之前,这些洞窟窟主不会易人。另外,莫高窟还有一些以中下层官吏的称呼所命名的洞窟,如"张都衙窟"(第108窟),自然也属"家窟",窟主是曹氏时期的都押衙张怀庆,亦为敦煌大族。

实际上,许多"家窟"原本也有自己的名称,如"报恩吉祥之窟"(第379窟)、"报恩君亲窟"(第231窟)、"报恩之龛"(第114窟)等。这些窟名本身就具有世俗性质,但敦煌的人们还将它们进一步称之为"家窟",而且这些"家窟"之名统统出自佛教教团的榜文中! 所以,在莫高窟及整个敦煌的历史上,"家窟"的意义无论怎样估计都不会过高。

首先,由敦煌世族僧俗历史上在莫高窟所营造并代表莫高窟各个历史时期的大型洞窟,被作为其家族各自的"家窟"而世代相袭承,使原本为佛教圣地的莫高窟世俗化、社会化。这些洞窟实际上没有多少佛教色彩,如果有的话,那也是作为窟主的世家大族们利用其来为自己服务的,即这些"家窟"成为他们世世代代称雄敦煌的依托。从这个意义上讲,莫高窟完全是一处社会化了的佛教场所,之所以形成这种情况,首先应该是敦煌的世家大族垂青于莫高窟的结果。

其次,虽然有莫高窟的千年营造与佛教的传播发展,但敦煌始终保存了汉晋以来的中国传统文化,即以儒家思想为核心的封建文化。敦煌世家大族根深蒂固且千年不变的经济和政治势力,使历代的统治者要依靠他们,庶民百姓更要依附他们才得以生存。从汉晋到宋初的千余年中,活跃在敦煌历史舞台上的一直是这些世家大族,所谓在敦煌保存下来的传统文化也就是世家大族的意识形态。在这种情况下,他们在莫高窟营造的"家窟",实际上起着自己宗族祠堂的作用,甚至起着一般的祠堂起不到的重要作用。因为在当时的每一个历史阶段,敦煌地方的统治者也好,广大的庶民百姓也好,都要毫无例外地至莫高窟朝山礼佛,与其说他们宗奉佛教的神灵,还不如说他们震慑于那些世家大族的威力。

再次,敦煌世家大族千余年的历史活动,形成一股顽固的保守势力。他们虽然也接受外来的意识形态,但这种接受,是以不损害自己利益和为自己所用作为前提条件的。比如对佛教的接受和对莫高窟的营造。莫高窟的佛教艺术所反映的思想意识,基本上是在儒家思想指导下的思想意识,即敦煌世家大族的思想意识,如"报恩君亲"等。所以,敦煌世族们在莫高窟的"家窟"实际上成为这种保守势力的后盾。当然,作为保守势力,其主要反映是在思想意识形态方面,它似乎并没有对经济的发展造成多大的阻碍,比如在生产技术的进步方面,敦煌并没有落在中原之后。这一点在莫高窟的壁画中就有所反映。

最后,莫高窟的"家窟"在敦煌历史上也有过很多积极意义,主要表现在它在自己家族、宗族乃至整个敦煌汉民族中的凝聚力,那是在民族矛盾和民族斗争十分尖锐和激烈的时期里。史苇湘先生早年就莫高窟第148窟营造之时,首次在窟内出现报恩经变问题,对处在唐蕃战争时期的敦煌汉唐军民的民族意识,以及斗争精神及结果做过十分精辟的分析。在国土和民族危急存亡的生死关头,正在营造中的这座"李家窟"曾经给了汉唐军民们勇气和力量。我们今天走进这座辉煌的洞窟时,似乎还会感受到当年那刀光剑影的战争气氛和深切感人的号召力。在所有莫高窟的"家窟"中,第148窟所起的历史作用是最值得称道的。既如此,我们对《大历碑》篡改族谱、攀附高望的做法也就多一层理解了。

还需要强调的是,敦煌世族僧俗们在莫高窟各个时期所营造的"家窟",实际上是一种纪念性建筑物。当然,作为佛教建筑,虽然它表现的是佛教的神和人的事迹,但它所纪念的并不是这些佛教的祖师或诸神,而正是创造这些神灵的窟主们自己！它不是直接的纪念性建筑物，而是借助于佛教的特殊的纪念性建筑物。

敦煌世家大族与莫高窟历史中需要探讨的问题很多，但归结到一点就是佛教的中国化和社会化。中国人按照自己的观念和意识，接受、改造和发展外来的佛教，使之变为自己的意识形态。中国的统治者们和贵族们又根据自己的需要，让改造后的佛教在广大庶民百姓中得到传播和普及。以敦煌世家大族为主体所谱写的莫高窟历史，就是一部佛教中国化、社会化的历史，是一部对佛教进行改造和利用的历史。

（原刊于《敦煌学辑刊》1995年第2期）

# 敦煌李氏世系订误

## 小序

有唐一代,敦煌地区活跃着一门世家豪族——李氏,他们出仕入宦,营建佛窟,效忠于李唐王朝,并一度控制张氏河西归义军政权,所以早已引起学术界的重视。

莫高窟第332窟《八王争舍利图》

现存敦煌莫高窟的敦煌李氏三碑(《李君莫高窟修佛龛碑》简称《圣历碑》、《大唐陇西李府君修功德碑记》简称《大历碑》、《唐宗子陇西李氏再修功德记》简称《乾宁碑》)及其他敦煌遗书资料如P.4615《李明振墓志铭》、P.3718《李绍宗邈真赞》等,是记载敦煌李氏世系及其活动的重要史料。但由于三碑所记矛盾重重,造成许多混乱。1983年,孙修身先生发表了《敦煌李姓世系考》一文,对敦煌李氏之族源及世系做了许多考证,使一些混乱现象得以梳理,但由于受到文献阅读方面的限制,文中尚留下一些悬疑问题。形成这些问题的原因主要是《圣历碑》中两处记载李怀让之祖父姓名处均空缺,而作为其底本(或抄本)的P.2551号写本不易见到原件,朱笔书写之墨迹在缩微胶卷上几乎看不到一个字。两年前,笔者因整理敦煌遗书中的莫高窟洞窟营建史料,利用有限的条件,反复辨认阅读P.2551影印件及缩微胶卷,并参照法籍华人陈祚龙氏早年发表的录文,终于确认怀让之祖名"操"。这一发现,对探讨敦煌李氏世系有一定作用,故书此稿,以求教方家。

## 敦煌资料所记李氏世系

为简便起见,直接列表示意如图(一)(二)(三)。

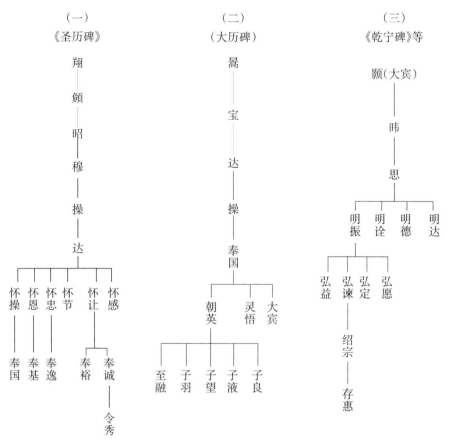

上列(一)(二)中出现的李操,(一)为李达之父,(二)为李达之子,其中必有一误。而据表(一),达之第六子名怀操,《大历碑》不仅将名字错记,而且将李操在隋代担任的职务也记在生活在唐代的李怀操名下,可能是碑文作者对李氏家谱缺乏应有的了解,或是李大宾本人有意如此,而给后人造成混乱。(《大历碑》的这种错误现象不一而足,我们后面还要谈到)李操与李怀操实为祖孙二人。弄清了这一点,敦煌诸文献中关于李氏世系的记载即可自圆其说,有如下图所示。

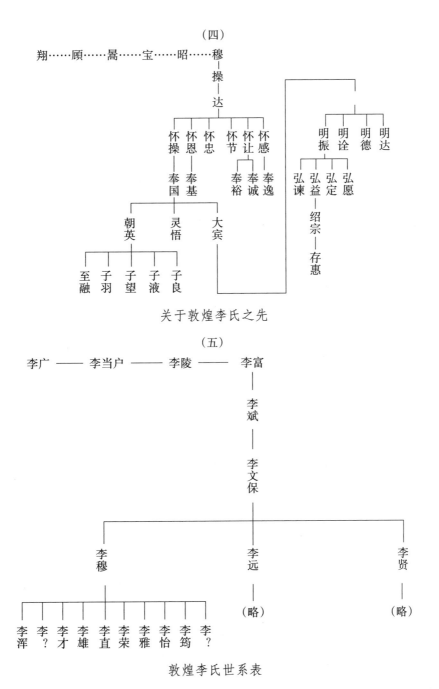

关于敦煌李氏之先

敦煌李氏世系表

敦煌资料中均将李氏说成西凉王李暠之后,《乾宁碑》因碑主李明振曾入朝为使,又同李唐宗室攀宗。实际上,敦煌李氏同李暠、同李唐宗室虽均属"陇西李氏",

但无任何关系。这一点,孙修身先生文中早已做了详细考证,兹不赘。

据《圣历碑》,敦煌李氏之先祖为李穆。李穆其人,在《北史》《周书》《隋书》中均有传,诸传中所记李穆活动时代及职衔均与《圣历碑》同,又知此二者为一。现据正史诸本传所记李穆先世列图(五)。

615年,李穆家族遭到隋炀帝的血腥清洗,在朝为官宦者有32人被杀,余皆放逐,此即为李氏徙居敦煌之缘由。618年,新建的唐王朝为李氏家族平反昭雪,使散居各地的李氏后裔获得新生,敦煌李氏很快发展成为本地的世家豪族。

现综合上述各类文献之记载,列敦煌李氏先祖及世系图(六)。

### 几个需要说明的问题

1.李操即李直。《圣历碑》所记李操职务与正史诸传所记李直职务均为"隋大黄府上大都督、车骑将军",知此论当无误。至于李直改名李操事,可能同隋末李氏之难及其迁居敦煌有关。

2.敦煌李氏攀附李暠之缘由:《圣历碑》所谓"逮凉昭武王食邑敦煌,又为敦煌人也"云云,其后《大历碑》又云李大宾为李暠之十三代孙,《乾宁碑》借此又与李唐王族攀宗。李氏此举,这可能是为忌讳隋末之难而为。

3.《大历碑》先称李大宾为李暠十三世孙,又云其六代祖为李宝。按李宝为暠之孙,活动于北魏时期。如按《大历碑》所说,李宝成了李暠之七世孙,实为荒谬。不仅如此,《大历碑》还将李宝在北魏时期担任过的"使持节、都督西陲诸军事、镇西大将军、开府仪同三司、领护西戎校尉、沙州牧、敦煌公"之衔也记在150多年后的隋代。实际上,大宾的六代祖为隋人李文保,可能因"保"与"宝"同音,《大历碑》有意采取了这种移花接木的伎俩,以提高自己家族的身价。

4.李太宾为李大宾之笔误。李太宾之名出现于《大历碑》原碑石之第五行,第十行又有僧灵悟之"兄大宾"云云给人造成一人两名之印象。太宾实为《大历碑》之书丹手、大宾之妹夫阴庭诚的笔误,碑文抄本P.3608两处均记为大宾。又据《李端公墓志》等文献记,李大宾又名李颙,先达已有论述,兹不赘。

（六）

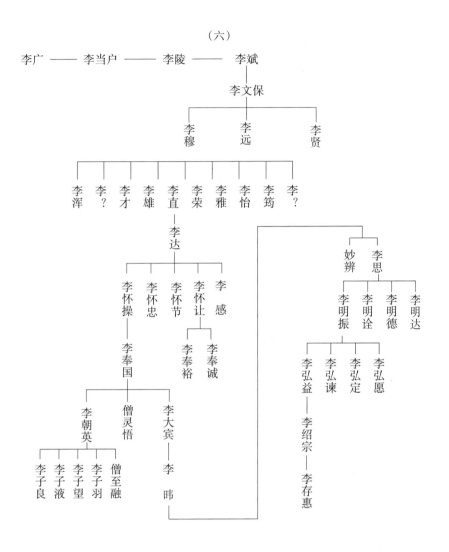

# 敦煌阴氏与莫高窟阴家窟

一

1900年,敦煌藏经洞文献重新面世,1909年,我国学者罗振玉、蒋斧等整理刊行《沙州文录》①,其中《大蕃故敦煌郡阴处士公修功德记》,使敦煌阴氏与敦煌莫高窟的历史关系逐渐为世人所认识。

1959年,金维诺先生发表《敦煌窟龛名数考》②,正确指出了《大蕃故敦煌郡阴处士公修功德记》所记阴嘉政于839年前后所建"额号报恩君亲"之窟,即敦煌文书《腊八燃灯分配窟龛名数》之"第二层阴家窟"——今莫高窟第231窟。这一论断为日本学者藤枝晃先生③、中国学者贺世哲先生④和其他研究者认定。

1982年,史苇湘先生发表《世族与石窟》。⑤本文从社会史的高度精辟地分析了敦煌世家大族与莫高窟的关系,深刻揭示了敦煌石窟营造千年而振兴不衰的重要原因。其中对阴氏家族与莫高窟的关系也做了阐述。

近年来,随着《续敦煌实录》⑥《敦煌莫高窟供养人题记》⑦《敦煌地理文书汇辑校

---

①1909年诵芬堂刊。

②金维诺:《敦煌窟龛名数考》,《文物》1959年第5期。

③〔日〕藤枝晃:《敦煌千佛洞之中兴》,载《东方学报》卷三五,1964年。

④贺世哲:《从供养人题记看莫高窟部分洞窟的营建年代》,《敦煌莫高窟供养人题记》,文物出版社,1986年,第213页。

⑤史苇湘:《世族与石窟》,载《敦煌研究文集》,甘肃人民出版社,1982年。

⑥张澍辑,李鼎文校:《续敦煌实录》,甘肃人民出版社,1985年。

⑦敦煌研究院编:《敦煌莫高窟供养人题记》,文物出版社,1986年。

注》①《敦煌社会经济文献真迹释录》②《敦煌碑铭赞辑释》③《敦煌邈真赞校录并研究》④等一大批经今人整理的古文献陆续问世,使敦煌阴氏家族与敦煌莫高窟的历史资料更加丰富,也使广大研究者不断加深了对这一问题的认识。特别是业师姜伯勤教授《敦煌邈真赞与敦煌名族》⑤对阴氏的研究,在总结前人成果之基础上,提出了新的论点和一些需要进一步研究的问题。

敦煌阴氏与敦煌莫高窟关系的史料,主要有如下一些:

1.《阴澹传》《阴兴传》等,见于《续敦煌实录》;

2. 莫高窟第285、321、217、231、138等窟题记,见于《敦煌莫高窟供养人题记》;

3.《敦煌名族志·阴氏》,见敦煌文书P.2556;

4.《大蕃故敦煌郡阴处士公修功德记》,即《阴处士碑》,见敦煌文书P.4640、P.4638;

5.《阴律伯真仪赞》《阴文通邈真赞》《阴处士邈真赞》,见敦煌文书P.4660等;

6.《海晏墓志铭》,见敦煌文书P.3720;

7.《阴善雄邈真赞》,见敦煌文书P.2970;

8.《阴善雄墓志铭》,见敦煌文书P.2482;

9.《新集天下姓望氏族谱》,见敦煌文书S.2052、P.3421等;

10.《沙州都督府图经》,见敦煌文书P.2005等。

笔者在从事莫高窟史研究的过程中,认为敦煌阴氏家族与敦煌莫高窟的关系,以及所引发的一些社会历史问题尚有进一步探讨之必要,故草成此文,以求教方家。

---

①郑炳林编著:《敦煌地理文书汇辑校注》,甘肃教育出版社,1989年。

②唐耕耦、陆宏基编:《敦煌社会经济文献真迹释录》,全国图书馆文献微缩复制中心,1990年。

③郑炳林编著:《敦煌碑铭赞辑释》,甘肃教育出版社,1992年。

④饶宗颐主编,姜伯勤、项楚、荣新江合著:《敦煌邈真赞校录并研究》,新文丰出版公司,1994年。

⑤文载《敦煌邈真赞校录并研究》,新文丰出版公司,1994年。

# 二

敦煌文书 P.2625《敦煌名族志·阴氏》云:"隋唐以来,尤为望族。"据此可知,敦煌阴氏家族成为敦煌名门大族是在隋唐时期。在此之前,虽有阴氏人物在敦煌活动,但阴氏似乎还不是敦煌的望族。值得注意的是,敦煌阴氏不是形成于门传阀阅、大姓雄张的东汉、魏晋时期,而是在士族衰落的隋唐时期。这就是敦煌的地方特色。我们目前所见敦煌大族的史料,多为8世纪以后所写,所记为当时之大族。《敦煌名族志》所记,就是唐朝初期敦煌贵族阴稠与阴祖两家之事。

敦煌阴氏之源,敦煌文书 P.4640、P.4638《大蕃故敦煌郡阴处士公修功德记》有云:"其先源南阳新野人也。"这一点与最早记载阴氏族源的文献是一致的。

《后汉书·阴识传》记识即为南阳新野人,"其先出自管仲,管仲七世孙修,自齐适楚,为阴大夫,因而氏焉"。作为中国历史上门阀士族之一的阴氏,均应出自阴识。

敦煌文书 P.3241云:"始平郡出四姓,雍州:冯、庞、宣、阴……阴氏:承帝喾之苗裔,商武丁封为阴氏,遂有阴氏兴焉。"这份成书于9世纪后的写本,将阴氏之源提前了几千年,我们在所有记录中国姓氏的文献中都未曾见到过,可以认为,阴氏始平望系阴氏之后人附会所得,不能作为阴氏之郡望地。成书于吐蕃统治敦煌时期的《阴处士邈真赞》《阴律伯真仪赞》记此阴氏僧俗二人"始平起仪""望重始平",这是一种在特殊历史环境下的产物。

10世纪的敦煌阴氏资料,一般记敦煌阴氏为"武威阴氏""安西都护之贵派"两支。但是,这两支不同郡望的阴氏,甚至包括前述始平阴氏,都是敦煌阴稠之后。这是一个令学者们十分感兴趣的问题。

武威阴氏兴盛于十六国前凉时期,实际上就是敦煌阴氏。不过此阴氏家族当时在敦煌并不是望族,而是在前凉时期因阴澹辅佐张轨成就大业而成为鼎盛之家。《十六国春秋·前凉录》记载:

> 阴澹,敦煌人。弱冠才行中烈,州请为治中从事。澹割身诉枉,轨任
> 
> 为股肱,参与机密;转督护参军、武威太守。轨保凉州,澹之力居多……及

骏嗣位,澹弟鉴为镇军将军。骏以阴氏门宗强盛而功多也,遂忌害之。

《魏书·张轨传》亦有同样记述。这里所谓"阴氏门宗强盛",即指阴澹、阴鉴兄弟及其家族在凉州已为望族。这大概就是敦煌阴氏称武威郡望的由来,也是9世纪末期瓜沙归义军节度使张某(淮兴)夫人阴氏"后敕为武威郡君太夫人"之历史依据。

至于所称"都护之贵派",盖因阴稠之孙、阴仁干(阴稠长子)之次子阴嗣监在唐代曾"任正议大夫、北庭副大都护、瀚海军使、兼营田支度等使、上柱国"之职,其后人如海晏等即以此为先。而阴稠之四子阴仁希之四代孙阴嘉政则只称"与都护之同堂",即指其均出自阴稠。

从以上可知,阴氏出自管仲之七世孙修,原籍南阳新野。后有一支到敦煌,但开始并不是望族:前凉时期因阴澹兄弟等协助张轨成就王业而成为武威鼎族;隋唐时期,世居敦煌的阴氏家族才成为当地之令望。10世纪以后,敦煌阴氏后人又将自己之族源追溯为"帝喾之苗裔,殷(商)王武丁之后",附望始平。

现据前述敦煌阴氏史料,列敦煌阴稠、阴祖两家世系图如下:

这里需要说明一点:阴祖家族只是在唐朝前期有限的一段时间内活动于敦煌,祖之子孙们均在河东为官,自己也在84岁那年"板受秦州清水县令"①,敦煌文献中也未发现9世纪以后的阴祖家族资料,可见其早已举家东迁。活跃在敦煌历史舞台上数百年的敦煌阴氏,主要还是阴稠的子孙们。

如前所述,同是阴稠子孙的敦煌阴氏,有称望自"南阳新野"者,为追溯其族源;有称"武威阴氏"者,盖因其于十六国前凉时期"门宗强盛"于武威;有称"望重始平"者,则纯属附会;而称"安西都护之贵派"者,是以阴嗣监曾任安西副大都护为由。

---

①见敦煌文书P.2556《敦煌名族志》。

## (一)阴稠家族

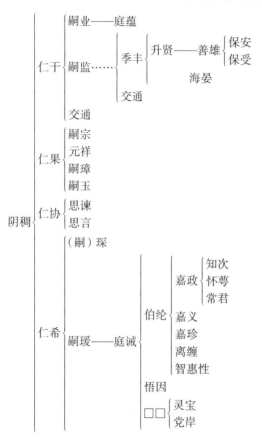

## (二)阴祖家族

阴祖——守忠 { 修已 / 修义 }

## 三

莫高窟崖面上为我们保存了敦煌阴氏家族从6—10世纪营造的诸多佛窟,其中比较著名者有:

西魏第285窟 是莫高窟现存有最早营造记年题记的洞窟,而这一营造记年题记正是由阴氏家族留下的:北壁上部西起第二铺说法图(迦叶佛并二菩萨)下的

"大代大魏大统四年岁次戊午(538年)八月中旬造"的发愿文题记东侧,依次排列着阴安归、阴苟生、阴无忌、阴胡仁、阴普仁等人的供养像和题名。①

北大像第96窟  据《莫高窟记》等历史文献记载,北大像系唐武周证圣元年(695年)由禅师灵隐与居士阴祖等造。阴祖之事已见前述,灵隐无考,或为阴氏家族僧人。北大像是莫高窟最大的佛像,高约34米,只是由于经历代多次重修,已非原造之貌。

莫高窟第321窟宝雨经变

第321窟  亦建于武周时期,具体年代不详。从该窟东、北两壁残存的10世纪时重绘的阴氏供养人题记可知,其始建者为阴氏家族无疑。②该窟南壁经变为莫高窟首次出现的一幅、也是唯一一幅宝雨经变,《宝雨经》是武则天的御用僧人们为其

---

①见前揭《敦煌莫高窟供养人题记》。

②史苇湘:《敦煌莫高窟的〈宝雨经变〉》,载《1983年全国敦煌学术讨论会文集(石窟·艺术编)上》,甘肃人民出版社,1985年。

篡夺李唐江山、建立武周政权并当皇帝而大造舆论所杜撰的一部"伪经",它的变相出现在莫高窟的"阴家窟"中并占据整整一方大壁面,这同敦煌阴氏家族在敦煌历史舞台上的表演(详下节)是一致的。

第217窟  大约建于8世纪初,[①]窟内残存原建时代的供养人阴嗣玉即是阴稠之孙、阴仁果之子。另一位阴嗣琼疑为阴嗣瑗,亦即阴稠之孙、阴仁希之子。(阴嗣瑗的子孙们在莫高窟颇多建树,后述第231窟窟主阴嘉政一家即是阴嗣瑗之后。)该窟内南壁整壁画法华经变,颇多现实社会气息,尤其是出现了许多军人读经、拜佛的场面,可能与阴嗣监担任北庭副大都护有关。更值得一提的是,作为敦煌壁画名作的该窟南壁《幻城喻品》,是一幅中国古代高僧西行故事图,这幅画将僧人在山道中行进、收徒、雇佣人、客栈小憩、入王城换牒、国王接见、出城行进、山寺僧跪拜、继续西进等情节描绘得十分具体生动,需要我们做进一步的研究。同时,此画本身也是中国山水画史上的珍品。

第231窟  即《大蕃故敦煌郡处士公修功德记》碑所记"额号报恩君亲"之窟,以及莫高窟历史文献《腊八燃灯分配窟龛名数》所记"第二层阴家窟"。窟主阴嘉政及其兄、弟、姐、妹、子、侄们,营造时间为839年前后。[②]

第138窟  即《腊八燃灯分配窟龛名数》所记莫高窟崖面南头之阴家窟。据窟内现存有关供养人题记考证,该窟建于900—905年,[③]窟主可能是阴季丰。[④]但在以往的研究中,对应是窟主位置的东壁门上方的"女尼安国寺法律智惠性供养"像及题记未做过较详细的探究。据《大蕃故敦煌郡阴处士公修功德记》记载,智惠性为阴嘉政之妹。[⑤]又,成书于820年前后的敦煌文书P.t.1261《佛圣叹斋傔历》中就

①贺世哲:《从供养人题记看莫高窟部分洞窟的营建年代》,载《敦煌莫高窟供养人题记》,文物出版社,1986年。

②贺世哲:《从供养人题记看莫高窟部分洞窟的营建年代》,载《敦煌莫高窟供养人题记》,文物出版社,1986年。

③贺世哲:《从供养人题记看莫高窟部分洞窟的营建年代》,载《敦煌莫高窟供养人题记》,文物出版社,1986年。

④见金维诺《敦煌窟龛名数考》,《文物》1959年第5期。

⑤系由P.4638与P.4640《阴处士碑》两写本互较而得。

有智惠性的名字,既然供养题名称之为女,那窟主当为其父,亦即阴嘉政之父阴伯纶,故该窟的原建年代应该在9世纪的前期。这就为我们研究该窟又提出新的课题。

莫高窟还有一些存阴姓供养人题名的洞窟,这里不一一列举。

就今天莫高窟崖面上现存的洞窟来看,阴氏家族在所有敦煌历史上的大族中留下的大窟最多,洞窟的规模也最大。同时,阴家诸窟跨越了敦煌6—9世纪的历史,为我们提供了较高的社会和人文研究价值。

四

如前所述,唐代中期以后,所谓的敦煌阴氏实际上就是阴稠的子孙们,而阴稠也是7世纪时人,但阴稠的子孙们在论及自己的郡望和族源时,却出现了南阳、始平、武威、敦煌等不同派系,除后者外,前三处都是为抬高自家声望而攀附所致。这种"寻根"的结果,导致了谱系的混乱,也说明了世族的衰落。

饶有兴味的是敦煌的阴氏,阴祖一家也好,阴稠一家也好,是典型的"风派"家族。我们从《名族志》的记载可知,阴祖与阴稠两家是在武周时期发迹的。阴祖与本家僧人灵隐建莫高窟北大像,以及阴某所造莫高窟第321窟,就是为武则天当皇帝歌功颂德的。[1]据P.2005《沙州都督府图经》的记载,武周初年在敦煌所谓的五色鸟、日扬光庆云、蒲昌海五色、白狼"四祥瑞"中,其前后两件就是由阴稠之孙阴嗣鉴(监)和阴祖之子阴守忠"发现"的:

　　五色鸟　右大周天授二年一月,百姓阴嗣鉴于平康乡武孝通园内见五色鸟,头上有冠,翅尾五色,丹嘴赤足。合州官人、百姓并往看,见群鸟随之,青、黄、赤、白、黑五色具备,头上有冠,性甚驯善。刺史李无亏表奏称:"谨检《瑞应图》曰:'代乐鸟者,天下有则见也。'止于武孝通园内,又阴嗣鉴得之。阴者,母道;鉴者,明也,天显。"

---

[1]史苇湘:《敦煌莫高窟的宝雨经变》,载《1983年全国敦煌学术讨论会文集(石窟·艺术编)上》,甘肃人民出版社,1985年。

笔者以为,这里的阴嗣鉴即阴嗣监。很明显,这里是因为武则天当皇帝造舆论而改监为鉴。或者说,成书于武则天倒台之后的《敦煌名族志》①改鉴为监,改名也是一种政治上的需要。无论如何阴嗣监是靠向武则天献"五色鸟"而官至"正义大夫、北庭副大都护、瀚海军使、兼营田支度等使、上柱国",成为敦煌阴氏后人引以为骄傲和自豪的"都护"。

> 白狼　右大周天授二年得百姓阴守忠称:"白狼频到守忠庄边,见小儿畜生不伤,其色如雪者。"刺史李无亏表奏:"谨检《瑞应图》云:'王者仁智明哲即至,动准法度则见。'又云:'周宣王时白狼见,犬戎服者。'天显陛下仁智明哲,动准法度,四夷宾服之征也。又见于阴守忠庄边者,阴者,臣道,天告臣子并守忠于陛下也"。②

阴守忠后来"任壮武将军、行西州岸头府折冲兼豆庐军副使,又改授忠武将军、行左领军卫、凉州丽水府折冲都尉、摄本卫郎将、绯鱼袋、仍充墨离军副使、上柱国。"首先应该归功于这只"白狼"。

吐蕃占领敦煌时期,阴稠的子孙们在这一历史舞台上的表演更是令人瞠目结舌。《阴处士碑》详细而又直言不讳地记述了这一历史事实:

> 皇考君讳伯纶,唐朝游击将军、峰州长松府左果毅都尉、赐绯鱼袋、上柱国、开国男,三品荣门,九皋闻远,青襟小学,紫授当年;先成镇守之功,竟保敦煌之业。属以五色庆云,分崩帝里,一条毒气,扇满幽燕;江边乱踏于楚歌,陇上痛闻于豺叫;袭声未殄,路绝河西,燕向幕巢,人倾海外,羁维扳籍,已负蕃朝;歃血盟誓,义存甥舅。熊黑爱子,拆襁褓以纹身;鸳鸯夫妻,解鬌钿而辫发。岂图恩移旧日,长辞万代之君;事遇此年,屈膝两朝之主。自赞普启关之后,左衽迁阶;及宰辅给印之初,垂祛补职。蕃朝改授得沙州道门亲表部落大使,承基振豫,代及全安。六亲当五秉之饶,一家

---

① 贺世哲:《从供养人题记看莫高窟部分洞窟的营建年代》,载《敦煌莫高窟供养人题记》,文物出版社,1986年。

② 录文之末句,据P.2695同名文书校录。

蠲十一之税。复旧来之井赋,乐已忘亡;利新益之园池,光流竟岁……其处士公,明心雪刃比其严,照胆部台像其智;承前永业,望岁多将,给后新储,丰年镇迹;入为孝悌,出整纲宗。旧制封官,近将军之列棘;先贤世禄,与都护之同堂。饮渥水之分流,声添骥响;畎平河之溉济,蚕赋马鸣。今则月德扶身,岁星应会,桑条小屈,敏事严君,棣萼相垂,高门庆及。

阴嘉政的弟弟嘉珍、嘉义等都是吐蕃的官吏,在整个吐蕃统治时期,阴氏可能是所有敦煌唐朝旧族中最活跃的家族。阴氏在这里找了许多理由,使用了最好的词汇,为自己背叛祖宗的行径做辩解。

到归义军时期,阴氏家族又作为唐朝后人而活跃于敦煌。可能是因为在吐蕃时期太活跃的缘故吧,整个张氏时期,阴氏家族在归义军政权为官者甚少,其他方面的著名人物也不多见。但阴氏家族还是一直保存着其大族的雄风。到曹氏时期,作为阴嗣监后代的海晏和尚,终于以阴氏大族的代表身份获取河西都僧统的高位,这是9、10世纪二百年间敦煌阴氏家族最引以为自豪的史事。所以,阴氏家族无愧为敦煌的大族。

阴氏家族之所以能在敦煌保持世家大族的地位而经久不衰,一个重要的原因就是他们千方百计地利用佛窟来维系本家族之地位与声望,莫高窟各个时期的阴家窟也确实起到了这方面的作用。敦煌阴氏营造的许多阴家窟,不仅为敦煌阴氏家族自己树碑立传,也为我们展现了古国古代敦煌的历史与社会,留下许多需要深入探讨的课题。

(原刊于《敦煌学辑刊》1997年第1期)

# 敦煌壁画上的丝路交通风景

历史上中国与世界各国的经济文化交流之路被称为丝绸之路,而敦煌就地处丝绸之路的要冲,是中西文化交流的咽喉之地。敦煌的古代文明特别是敦煌石窟留给我们的财富,是古代东西方文明的聚焦,是世界人类古代文明的集中展现。古丝绸之路开拓、经营和发展的历史面貌,在敦煌石窟群现存的我国十六国时期至元代创建的约600座洞窟中都有所展示。笔者在这里介绍几幅画面。①

需要指出的是,反映古丝绸之路交通的壁画,原本也是用以表现佛经内容的,大都出自福田经变、法华经变。一方面,在所有的佛教经典中,《福田经》《法华经》的许多内容比较贴近社会,直接论及与人们生活相关的问题,反映人们生存生活的需要和意愿;另一方面,人们的现实生活,包括丝绸之路上的风土人情,也为艺术家们绘制这两种经变提供了素材,这就留给我们今天窥视古代社会的图像资料。

首先向大家介绍的是敦煌莫高窟第323窟的《张骞出使西域图》。今天,无论什么人,什么时候,在什么地方,一提到丝绸之路,都不会忘记它的开拓者——张骞。公元前2世纪,汉武帝派张骞出使西域,发兵攻打匈奴,将河西全境纳入汉朝版图,列四郡,据两关,由此拉开了中西交通历史的序幕。汉武帝刘彻的雄才大略彪炳史册,而张骞的名字两千多年来紧紧地和丝绸之路联系在一起,他的历史功绩永远为世人所称颂。作为丝绸之路要冲的敦煌更是如此:早在7世纪的壁画中,就描绘了张骞出使西域的历史场景,内容包括张骞拜别汉武帝、出入崇山峻岭、到达大夏国等。这其中虽然附会了一些佛教的传说,但也不失为敦煌人民给张骞树立

---

① 马德编:《敦煌石窟全集26:交通画卷》,(香港)商务印书馆有限公司,2001年。本文所引资料及图片,除注明外,均采自此书,恕不另做注。

的一座丰碑。

莫高窟第323窟张骞出使西域图

　　莫高窟北周、隋初绘有两幅表现古代丝绸之路交通的全景图。第一幅是建于570年前后的莫高窟第296窟的途中小憩图：画面从右至左依次为灌驼、槽饮、汲水、卧驼与驼车（等待饮水）等场面，给即将出征的骆驼灌药，使其预防疾病和抵御酷暑风寒等，为沙漠中一项重要的运输保障措施。下栏画牵驼赶马的胡商驼马驮队与骑马赶驮的汉商队伍相会在小河两边，汉商队的马驮已上小桥（平板拱桥），马队后边有一仰卧于露天的病患者，旁有三人正在护理和诊治。第二幅是6世纪晚期的隋代初年建成的莫高窟第302窟壁画中的一幅极富西北特色的水陆交通全景图。图中既有陆上的道路、桥梁还有马、驼、驼车等运输工具，也有河流及小型水运工具（皮筏类小船），画面自左至右依次为汲水井饮、小河及小筏、驼车过桥、驼马驮队、钉马掌等。其中窝秆取水是现在还在一些地方可以看到的半机械性质的人工掘井及汲水方式;钉马掌是对马匹的一种管理和使用方法,旨在提高马的长行耐力;河上的小桥为木栏平桥;河中小筏可能是佛教典籍所记"浮囊"。这两幅画反映了古丝绸之路上的交通运输形式、交通工具使用、商队出发、行进及途中的各种遭遇、旅途小憩等一系列情景,活灵活现地展示了极富敦煌及大漠特色的交通运输风情。敦煌石窟壁画所反映的丝绸之路交通运输方式主要是驮运,说明在敦煌壁画制作的北朝隋唐时代,驮运仍然是古丝绸之路商旅贸易的交通运输方式。

莫高窟第296窟的骡马驮队,图中人物都是以汉人形象为基础描绘的。这是壁画中极少数反映汉商的内容,在一定程度上也反映丝路交通盛况。古代画匠们显然非常熟悉这一社会现象,把商人、商队及其行进途中的艰难辛苦,甚至各类人物的各种表情都进行了仔细的描绘。如隋初建莫高窟第302窟的胡商图,商队领队为高鼻深目之胡人,他率领的马驮队遭遇手执刀剑且全副武装的匪盗。离开佛经内容,换一个角度来理解的话,那就是小桥边为敦煌地方政权设在路口的关卡,全副武装的军兵为守关人员,他们正在准备盘查过往的行人商客。隋代中期所造莫高窟第420窟的西域商队,为《法华经·观音普门品》变相中胡商遇盗图之前半部分,画面从右至左依次为商主跪拜祈祷,灌驼。驼队出发、驼队在陡峭的山路上攀登行进、一驼跌落山崖,商人拽掇着驼尾下山等,这幅画十分生动而具体地反映了商队旅程的艰难。行进在丝绸之路上,不仅要走过茫茫沙漠,也要翻山越岭,而且是在道路状况不好的环境下履冰踏雪、跋山涉水、历尽艰险。同时期的莫高窟第419窟也绘有高鼻深目之胡商。

8世纪中期的莫高窟第45窟的胡商遇盗图,画有高鼻深目、长须之胡商六人及骆驼一乘、驴驮二乘,商人们将货物卸下后,立于手持刀剑的汉装匪盗面前一起合掌念观音名号,匪盗见状便放弃抢掠向山林深处归去。丝绸之路上,不仅有崎岖陡峭的山路,而且山中经常有匪盗出没。这幅画从一个角度展示了历史的真实。

莫高窟第45窟胡商遇盗图

敦煌佛爷庙湾出土"胡商牵驼"砖雕

根据敦煌石窟壁画所示,来往于丝绸之路上的商旅大多是胡商,而管理丝绸之路的是中原王朝的军政机构和人员。这一点同汉代开发以来的敦煌历史情景是一致的,同历代史书及敦煌文献的记载也是一致的。两千多年来,粟特人一直是丝绸之路上商贸队伍的主体,在长安、洛阳及其丝绸之路沿线的城镇和乡村,都有粟特人从事商贸活动的场所和居住的地点,敦煌当然更不例外。石窟壁画上展现的北朝至隋唐的大量胡商,虽然没有明确的记载,有关问题也尚待进一步解决,但从历史记载看,他们大都应该是粟特人,也即人们常说的活跃于古丝绸之路上的西域"昭武九姓"。

最能体现丝绸之路形象的是敦煌出土的"胡商牵驼"浮雕砖。比较有名的是60多年前出土于敦煌莫高窟附近的佛爷庙唐代墓葬,早为世人熟知。

近年出土于甘肃山丹县唐墓的"胡人牵驼"浮雕砖:这两幅一左一右,胡人形象及骆驼所驮货物与敦煌砖无异,我们还注意到,二件砖雕上的戴尖顶帽的胡人与莫高窟第45窟壁画胡商群体中之两位十分相近,《张掖文物》的作者认为是西域"昭武九姓"中的石国人。同时,对于山丹二砖雕(或曰模印砖)上一左一右相对而行的方向和骆驼所驮货物,砖上有明显区别,《张掖文物》的作者们分析道:左边右行者为逆风而进,当朝中原方向,骆驼所驮为西域所产毛褐、白毡、美玉、琥珀等;右边左行者为顺风而进,当朝西域方向,骆驼所驮为白银、铜钱和丝绸、茶叶等。[1]如此看,敦煌砖与右行者相近似,而莫高窟第45窟壁画中的卧驼所驮则与左行者相近。但无论如何,这几件砖和画生动体现了唐代丝绸之路的意义和形象。

甘肃山丹县出土"胡商牵驼"砖雕

骆驼作为沙漠之舟,早在先秦时期就为人们所认识,它不仅可用来骑载驮运,也可以驾车,并且在沙漠中比其他牲畜更具长行耐力,因此早已被开发利用。秦汉以后,随着西北丝绸之路的开通和发展,骆驼的足迹遍及万里大漠。骆驼车也因地域环境之特殊需要应运而生,成为具有大漠戈壁特色的交通运载工具。骆驼作为乘骑,特别是驮运,在敦煌壁画中较多,且自北朝至宋各个时期都有。骆驼车在壁

①张掖市文物管理局编:《张掖文物》,甘肃人民出版社,2009年,第125页。

画中也出现了两幅,就是我们在前面的全景图中所看到的,一是莫高窟第296窟的卸套驼车,二是莫高窟第302窟的驼车过桥图。

徒步跋涉是人类最原始而最常用的交通形式,即使在今天也不例外,在古丝绸之路上就更是如此了。莫高窟第61窟的五台山图描述了徒步出行和人力运送,即靠人背负行囊,肩挑扛担的,这些画面也间接地反映了古丝绸之路上的部分交通情景,特别是翻山越岭图,生动地描绘了行进中的人畜在山道上艰难跋涉的情景。同类画面还出现在榆林窟第15窟和第38窟。

莫高窟第61窟五台山图

由敦煌壁画所绘可知,古代通过敦煌的丝绸之路的道路大体有两种类型:一是比较平坦的道路,在这类道路上,沿途有管理机构,有可供来往商旅人畜住宿、饮食的驿站、客舍和其他相应的服务设施;第二类是比较崎岖和险峻的山路,在这类道路上来往的商旅,不仅经常遭受风雨的袭击,滑落山崖沟涧,而且经常遭遇强盗的抢劫,将自己历尽千辛万苦得到的钱财拱手奉送给半路的剪径匪霸们,有时甚至会搭上性命。如果没有壁画中一些细节的描绘,我们今天在称颂古丝绸之路上的繁荣兴盛,以及它给人类发展进步带来的巨大贡献时,很难具体了解先民们为此付出的巨大代价。文献中不记载这些,敦煌石窟壁画却为我们描述了当年的一些情境,显示出壁画图像对丝绸之路历史研究的重要意义。

(原刊于包铭新主编《丝绸之路·图像与历史》,上海:东华大学出版社,2010年)

# 唐代前期敦煌石窟营造展示的综合国力

佛教艺术是佛教理论的一种表现形式,同时也是一笔文化财产,它的创造需要一定的经济基础作后盾。敦煌佛教石窟艺术是一种综合性的文化,它并不只是反映敦煌历史上人们对佛教的信仰程度,它更多地反映了包括经济发展在内的敦煌历史与社会。当社会动荡、经济萧条时,人们想的和做的更多是如何生存、如何尽快地安定和繁荣,而石窟的营造和艺术的创造自然不会太景气;而当社会安定、经济繁荣时,人们想的和做的又更多是精神上的追求。因此,佛教艺术反映的是一种经济和文化的综合实力,这一点在敦煌石窟中表现得特别突出。敦煌石窟艺术是中国古代千年历史与社会的记录,佛窟较全面地反映了它创建时代的社会面貌,记录了人们的各种社会活动,全方位向我们展现了中国古代社会。

本文以唐代前期敦煌石窟的营造情况来窥测当时的综合国力。

## 唐代前期及以后的莫高窟崖面

敦煌石窟唐代前期的划分,是从贞观十四年(640年)平高昌实际控制敦煌开始,到777年陷于吐蕃,共有137年时间。[①]在此期间,莫高窟崖面上共营造了150多个洞窟,这些洞窟中,有20多个记载有具体的营造年代。著名的两大像及许多具有划时代意义的、里程碑式的洞窟都是在这一时期营造的。

唐麟德元年(664年),终南山释道宣撰《集神州三宝感通录》,卷中记载:

今沙州东南三十里三危山(即流四凶之地)崖高二里。佛像二百八十。龛光相亟发云。

---

① 参见拙作《敦煌石窟营造史导论》,新文丰出版公司,2003年4月,第156页。

总章元年(668年)道宣之弟西明寺沙门释道世撰《法苑珠林》卷十三全文移录这段文字。这是唐代佛教典籍唯一关于敦煌莫高窟崖面的记载。

当时,莫高窟崖面上的洞窟只有上下两层,但在崖面的中部又有一个夹层,这就是今天的第56—64窟,第477、276—321窟一段,夹层中的洞窟基本上是隋代以前开凿的,只有北边第318—321诸窟属唐代前期;另外,第56—60诸窟现存也是唐代前期的画塑。夹层以外,基本上是两层洞窟在崖面上横贯南北,当然,部分崖面上层以上或下层以下也有洞窟,但为数不多。唐代的莫高窟崖面从第220窟率先在远离窟区140米的崖面上凿建,打乱了崖面的发展规律。经过二百多年的营造,至少到9世纪中期时,莫高窟南区近千米长的窟群崖面的洞窟已经达到饱和状态。换言之,莫高窟窟群崖面早在唐代就已形成了今天的规模。至于后来数百年间的继续营造,除了重修前代窟龛外,新建的为数不多的佛窟也没有突破唐代崖面的范围。唐代前期的洞窟,也基本上在这两层里边:上层北面接第384窟向北至第371窟,南面接第242窟一直到第162窟,(这一段被第96窟北大像从中间分割开);而下层南起第130窟、北至第353窟(中间亦有第96窟相隔)长800多米的崖面,均在唐代前期开拓。到767年前后,敦煌李氏家族建成第148窟,作为这一时期和莫高窟崖面上这一区域的终结,又将这个时期的崖面向南拓展了40多米。这就是说,到唐代前期结束时,莫高窟的窟群崖面已经有850米长。不过,当时第130窟以南至第148窟中间这一段崖面上还没有洞窟。另外,崖面的上层以上和下层以下有许多洞窟是后代营造的,即是在属于唐前期及先代的窟群崖面中,也有一些是后代营造的洞窟。

经过唐代前期的营造,莫高窟崖面上已有300多个石窟,其中一半以上是唐代前期营造的。按以往专家学者们的研究,这个时代的洞窟营造时间被分为初唐和盛唐两个时期。这是依中原的历史分期习惯,但根据敦煌地区的实际情况,不分初盛二期似乎更妥当一些。从崖面上看,也暂时无法排列出这个时期洞窟营造时间的先后。当然,这个时期是莫高窟营造历史上的盛大时期,也是莫高窟艺术创作史上的极盛期。

### 贞观风采——莫高窟第220窟

莫高窟第220窟的建成,不论是在莫高窟的营造史上还是在敦煌艺术的发展史上,都是转折点,是里程碑,具有继往开来的划时代意义。

莫高窟第220窟"帝王图"

### 一、独立开辟新的崖面,开创全新的时代

莫高窟第220窟建于唐代前期的太宗贞观十六年(642年),它的北面距离先代崖面上最近的洞窟是140米,就是说,第220窟是在距离隋以前窟群崖面140米处自己新开辟的崖面,它在营造和建成时,周围还没有洞窟。同前述第285、427等窟一样,它在崖面上的出现表示莫高窟一个新的历史时期的开始。

第220窟建成前两年,李唐王朝平高昌,收复河西全境,实际控制敦煌,开始了敦煌历史上真正意义上的唐朝时代。

## 二、开创"家窟"的格局，明确了家窟的性质

根据窟内发愿文题记可知，第220窟建成于唐贞观十六年（642年），窟主为翟通，字思远，窟内西龛下墨书题写"翟家窟"三个大字，标明了此窟的家窟性质。此后，该窟由翟氏子孙后代精心管理和不断维修。五代后唐同光年间，翟通第九代孙、敦煌著名的天文学家翟奉达博士重修了甬道并书写了翟氏"检家谱"，追述该窟营造和演变的历史过程。[①]

莫高窟历代洞窟的营造者们，其所建洞窟依其姓氏被称为家窟并由其子孙后代世袭相承。虽然也有许多大德高僧营造过一些大窟，但这些洞窟也是无一例外地依其俗家姓代而冠以家窟名号并由其宗族子孙们世袭相承，官宦所建窟更是家窟。敦煌石窟中比较有名的家窟有张家窟、李家窟、王家窟、翟家窟、宋家窟、陈家窟、阴家窟等。这些家窟建于唐代，每一座家窟都有一段辉煌而曲折的历史。从文献所记载的洞窟名称看，有官宦窟、高僧窟、贵族窟、社众窟等，其名称前多冠以窟主之姓氏而称某某家窟，包括高僧窟也称家窟，而官宦窟实际上也是家窟。另外，由于窟中绘有原建窟主及建窟以来的历代先祖们的供养像及题名，使佛窟也具有祠堂的性质。

第220窟开敦煌石窟家窟之先河。敦煌石窟的家窟向我们进一步表明了佛窟的社会性质。敦煌石窟中的家窟，不仅装载着其家族的历史，也装载着古代敦煌乃至整个中国社会的历史。一个官宦或贵族家庭就是一个小的社会，家庭是社会的缩影。家庭的实力所展示的也就是社会的实力。家族观念也是敦煌佛教石窟的特色之一。在一般佛窟的营造过程中，窟主与施主间的相互协作关系也体现了当时这种家庭协作的封建社会特征。敦煌石窟创建和发展的历史更是受到这种社会制度的制约，作为家窟的佛教石窟也是这个社会的一部分。反过来，这种社会结构又

---

①贺世哲：《从供养人题记看莫高窟部分洞窟的营建年代》，载《敦煌莫高窟供养人题记》，文物出版社，1986年，第101页、201页。

是敦煌石窟形成、发展并延续千年的社会历史原因。

家富是国强的具体体现。在古代,一个强大的国家,就是由千千万万个富裕的家族共同支撑着。因此,敦煌石窟家窟的意义远远超出了家族和石窟本身。

### 三、开创全新的艺术风格

唐代初年建成的莫高窟第220窟,其全新的壁画风格,向世人展示了一个新时代的开始。第220窟的艺术风格是中原唐风,壁画和塑像的所有人物形象均为中原唐人形象,从中看不到任何先代艺术的影子,后来的石窟中也没有再出现过,可谓是空前绝后。专家推测,制作此窟壁画者可能是一位过客类的画坛高手,应该是唐平高昌时随军旅而行的高级画师,而且以他全新的艺术风格,使第220窟成为敦煌石窟艺术史上里程碑式的佛窟之一。石窟建筑形式已经完全是中原式的殿堂窟形,彩塑和壁画也全部由唐人和敦煌本地的画家制作。尽管石窟造像及壁画表现的人物形象千姿百态,但他们都出自敦煌的唐人艺术家之手。

### 武周辉煌——以莫高窟北大像为代表的武周诸窟

北大像即莫高窟第96窟。据《莫高窟记》记载,北大像是延载二年(证圣元年,695年)由灵隐禅师与居士阴祖所建。①敦煌文书P.2556《敦煌名族志》中有关于阴祖及其后人活动的简略记载。第96窟在后来经过多次重修,现已面目全非。从当时的情况看,695年是北大像的始建年代。北大像的营造和建成是莫高窟历史上的伟大创举,也是唐代前期国家强盛、社会稳定和经济繁荣的象征。

---

① 敦煌遗书P.3720及莫高窟第156窟前室北壁题书,参见前揭《敦煌莫高窟供养人题记》第72—73页、第209—210页。

莫高窟第196窟(北大像)

北大像是敦煌莫高窟第一大佛,建于武周时期,有深刻的社会背景:中国历史上本来没有女皇帝,但后来出现了武则天,她当皇帝前制造舆论并说自己是弥勒降生。所以,在武则天当皇帝时,出现了各种"佛经",莫高窟就出现了弥勒大像及表现这些"佛经"内容的宝雨经变等。[1]武周时期敦煌石窟营造活动的兴盛,同武则天在全社会大力提倡佛教信仰有很大关系。

围绕着北大像的营造,莫高窟第321、328、329、331、332、334等窟先后建成。其中第332窟即《李君莫高窟修佛龛碑》(《圣历碑》)所记李达、李克让父子于圣历元年(698年)建成之窟。碑文对窟内塑像和壁画的内容做了详细记述。同时,《圣历碑》是研究莫高窟历史的重要文献,特别是对于莫高窟创建的记载,一直为后世所重。第332窟建成和《圣历碑》立碑之时,北大像第96窟已动工兴造三年之久。可见同一时期石窟营造的兴盛。

---

①史苇湘:《莫高窟中的〈宝雨经变〉》,载《敦煌历史与莫高窟艺术研究》,甘肃教育出版社,2002年,第367—389页。

敦煌文书S.1523为《李庭光莫高窟灵岩佛龛碑》之开首,存25行,上海博物馆40号残文18行正好与其相接,两卷合并43行,为该碑文之前半部分。[①]碑文记李庭光为"凉武昭王之茂族",时任沙州刺史兼豆庐军使。据史籍记载,豆庐军为河西节度使所辖军之一,驻沙州,设置于唐神龙元年(705年),终于777年左右。20世纪70年代在吐鲁番阿斯塔那225号墓,发现了大量的写于武周圣历二年(699年)前后并加盖多方"豆庐军经略使之印"的文书,说明沙州豆庐军早在699年时就已经有了;[②]另一方面,本功德碑原卷中现存三个"国"字,其中两个是武周新字"圀",碑文云李庭光为凉武昭王之后。凉武昭王即西凉王李暠,他被李唐皇族认作其"先祖"(实际上不是)后曾多次被追封,"武昭王"是唐初的封号。到天宝二年(743年)又被李隆基加封为"兴圣皇帝",且碑文中有"将军授略,崇勋传累代之名;我后杰时,余庆列宗盟之序"云云,这些都可以说明本碑文建立及其所记李庭光在莫高窟造窟均为武周时事。敦煌曾是西凉王李暠的开国之都,李庭光无论是作为真正的李暠之后,还是作为敦煌地方的最高统治者,他身体力行在莫高窟建造大窟,对武周时期敦煌石窟无疑有一定的作用和意义。

而莫高窟第217窟的建成,对武周时期的石窟营造做了总结,又开启了新时代的造窟之风。这座由阴嗣玉、阴嗣瑗兄弟于武周末及开元初营造的阴家窟,[③]至今依然是金碧辉煌、五彩缤纷。据相关的敦煌遗书记载,敦煌阴氏发迹于武周时期,莫高窟第217窟见证了敦煌阴氏的辉煌,也见证和开启了武周和开元的辉煌。

## 盛世浩歌——以莫高窟南大像为首的开元诸窟

莫高窟的第二大佛和榆林窟唯一的大佛都建造于盛唐开元时期。除敦煌石窟之外,著名的乐山大佛也造于唐开元时期。这些都是佛教艺术在中国封建社会极

---

①参加拙作《三件莫高窟营造文书述略》,载《敦煌研究》1994年第4期。

②陈国灿:《武周瓜沙地区的吐谷浑归朝事迹》,载《1983年全国敦煌学术讨论会文集(文史·遗书编)上》,甘肃人民出版社,1987年,第1—26页。

③贺世哲:《从供养人题记看莫高窟部分洞窟的营建年代》,载《敦煌莫高窟供养人题记》,文物出版社,1986年,第203—204页。

盛期的具体展示。

莫高窟第二大佛即今第130窟，古称南大像。865年的历史文献《莫高窟记》云："开元年中僧处谚与乡人马思忠等造南大像高一百廿尺。"晚于此半个多世纪的P.3721《瓜沙史事系年》则云："开元九年僧处谚与乡人马思忠等发心造南大像弥勒高一百廿尺。"由此可知，南大像之始建当在开元九年（721年）。20世纪60年代曾在该窟顶部壁画地仗与崖体之夹缝间发现书写有"开元十三年"题记

莫高窟第130窟南大像

的发愿文幡一条，证明该窟在开元十三年（725年）时尚未开始壁画的绘制。该窟的建成时间，根据甬道北壁所绘晋昌郡太守乐廷瓌供养像可推知，当在唐代设置晋昌郡的天宝元年（742年）至乾元元年（758年）间。由此可见，第130窟南大像从开凿到最后完成经过了近三十年的时间①。同北大像一样，南大像的建成是莫高窟营造史上的又一伟大创举，也是开元、天宝时期国力强盛、社会稳定、经济繁荣的象征。

虽然没有明确记载，但敦煌石窟的诸多盛唐洞窟那灿烂辉煌的艺术向人们展示了盛唐的繁荣和兴盛，如莫高窟第45、46、172、320、445窟等。一座座神圣庄严的佛窟，一件件精美绝伦的作品，让大漠戈壁响彻着荡气回肠的盛唐浩歌！

**余韵神威——莫高窟第148窟**

大历年间（766—779年），敦煌李氏家族僧俗共建莫高窟最大的涅槃像窟第148

---

①参见前揭《敦煌莫高窟供养人题记》，第204—205页。

窟。窟内现存大历十一年(776年)镌立《大唐陇西李氏功德记》(简称《大历碑》)记述该窟营造事项,以往的研究中以立碑之年为该窟建成之年。笔者经研究认为,洞窟建成于前(大历初年),刻石立碑在后。晚唐历史文献《莫高窟记》以大历三年(768年)为界限划分莫高窟历史前后段之举,此界限当指第148窟建成与吐蕃进攻敦煌之时①。第148窟的里程碑作用和划时代意义,不仅划开了莫高窟在唐代的前期与后期,而且划开了莫高窟千年历史的前期与后期。

莫高窟第148窟观无量寿经变

　　莫高窟第148窟面宽20多米,横卧南北的涅槃像长达18米,体积为敦煌石窟同类造像之最。而西壁的涅槃经变与东壁窟门两侧的净土变相,面积上也是敦煌石窟巨幅经变壁画之最。壁画集隋唐巨型经变画之大成,前无古人,后无来者!

---

①参见拙作《敦煌石窟营造史导论》,新文丰出版公司,2003年,第184页。

莫高窟第148窟在抗蕃战争中起到过振奋民族精神的作用。天请问经变、报恩经变等,最初是因鼓励敦煌汉唐军民抗击吐蕃入侵而出现的,在战争中起过振奋民族精神的作用。[①]在中国封建社会由盛到衰的转折时期,一座佛窟能够发挥如此社会作用,说明佛教作为一种意识形态对社会的作用。佛窟在这里展示的是佛教和佛教艺术、佛教的民族凝聚力发挥重大作用,佛教与社会的相互作用。

### 佛窟里的唐朝盛世——佛教对综合国力的精神作用分析

社会上出现的任何事物,都是因为社会需要应运而生,而社会需要的事物,就要对社会起作用,这是最主要的。如果没有作用,也就不会被需要。敦煌石窟艺术之所以历经千年经久不衰,就是它在敦煌的历史上确实起到了稳定社会、使人们安居乐业的作用。在一定程度上,适应和满足了各个历史时期、各阶层人们的社会需要。当然,首先是满足了统治者阶层的需要,都是为统治阶级服务的石窟事业。

唐代前期的敦煌石窟实际上是唐代社会的折光反射,表现的是唐代社会的历史场景:佛窟作为神宫,成为皇宫的缩影。菩萨则是皇宫里的"宫娃"。壁画中,从金碧辉煌的佛殿到高低得所的大宅小院,从峰峦叠嶂的山林到广袤无垠的田野,从佛国仙境的诸神众仙到人间尘世的衣食男女,从深处豪庭深院的达官显贵到忙碌在田园场舍的农夫村妇,从守卫边陲要塞的军旅将士到奔波于千里征程的行脚商旅……好一派大唐盛世!从佛窟里看到百姓安居乐业,国家繁荣昌盛,正是人们的向往和追求。[②]

唐代前期国家强盛,经济繁荣。经济繁荣是国家强盛的基础,经济繁荣的前提是社会的稳定,而佛教和佛教艺术就在社会稳定方面发挥了重大作用——这就是唐代前期敦煌石窟给我们所展示的。国家和社会繁盛时代,人们会有更多的精神追求,佛教正是适应了人们的这种追求。在长安,从李世民到李显,六十多年间,帝

---

①史苇湘:《莫高窟中的〈宝雨经变〉》,载《敦煌历史与莫高窟艺术研究》,甘肃教育出版社,2002年,第72—73页。

②参见史苇湘先生的相关论述,见《敦煌历史与莫高窟艺术研究》,甘肃教育出版社,2002年。

王和太后们先后为翻译佛经的大师们撰写出多件《圣教序》,极大地推动了佛教信仰的普及。敦煌遗书中也保存了多份由帝后们撰写的"御制经序"抄本。[1]敦煌石窟在这一时期的兴盛和辉煌也是社会的必然产物。

(原刊于《大明宫研究》2016年第1期)

---

[1]参见拙作《敦煌本唐代"御制经序"浅议》,《敦煌学辑刊》2014年第3期。

# 至德二载九月至乾元二年三月的
# 河西节度使是郭子仪

吴廷燮《唐方镇年表》卷八中列,唐至德二载(757年)五月以后的河西节度使是杜鸿渐。据《旧唐书·杜鸿渐传》记载,至德二载(757年)五月,杜鸿渐"兼御史大夫,为河西节度使、凉州都督。两京平,迁荆州大都督府长史、荆南节度使。"吴表在注释中引用了这一记载,但将杜鸿渐的任期一直列至乾元二年(759年)三月。事实上,这里的"两京平"是指至德二载(757年)九十月间收复长安、洛阳事,可知杜鸿渐任河西节度使首尾只数月而已,吴表所列显然有误。然目前所见国内外涉及此问题的研究论述,如戴密微《吐蕃僧诤记》(耿昇译,甘肃人民出版社,1985年,第420—421页)、邓小南《为肃州刺史刘臣壁答南蕃书校释》(见北大编《敦煌吐鲁番文献研究论集》,中华书局,1982年,第599页)等,都没有说明继杜鸿渐之后至乾元二年(759年)三月来瑱被任命河西节度使之前谁任此职,因此,有必要对此加以补缺。

《新唐书·肃宗纪》载:

> 至德二载九月,以广平郡王俶为天下兵马元帅……朔方、河西、陇右节度使郭子仪为中军。

据此可知,唐王朝在至德二载(757年)九月调杜鸿渐至荆南的同时,就任命郭子仪兼领河西节度使。郭子仪当时是否到过河西,笔者不敢妄断,但有一点可以说明的就是当时的许多节度使、节度副使并不在节镇驻守,而是统率自己的兵马在中原参与平定安史叛乱的战争。因此,作为驰骋疆场的将帅,郭子仪完全有可能被任命为河西节度使,而且根据史书记载,杜鸿渐调离与郭子仪上任同在至德二载(757年)九月。乾元二年(759年)三月朝廷任命河西节度副使来瑱为河西节度使(见《新唐书·来瑱传》)。来瑱当时也不在河西,而在中原,由于发生了唐军相州失利,他未来得及赴任又被重新任命为陕虢节度使、潼关防御团练使)的同时,郭子仪抑升迁为京畿、山南东、河南道防御兵马元帅,这在时间上又衔接紧密,因此我们有理由认为,郭子仪是至德二载(757年)九月至乾元二年(759年)三月间的河西节度使。

(原刊于《敦煌研究》1986年第2期)

# 关于 P.2942 写卷的几个问题

敦煌写本 P.2942 是一份十分珍贵的历史文献,然因首尾残缺,许多问题都没有直接反映出来。国内外学者就它的定名、作者、写作年代、历史人物事件等方面进行了研讨,《敦煌遗书总目索引》定名为《归义军节度使公文集》。日本学者池田温先生将其定名为《河西节度使判集》,拟其年代为唐永泰元年(765年);[①]安家瑶先生对本卷文书做了比较系统的研究,定其名曰《河西巡抚使判集》,确定其写作年代为唐永泰元年(765年)十月至大历元年(766年)五月,并对其中一些问题阐述了个人看法;[②]史苇湘先生在《河西节度使覆灭的前夕》一文中又定其名为《河西节度观察使判集》,确定其抄写时间为大历二年(767年)以后。[③]另外,唐长孺先生、陈守忠先生亦就该卷文书中有关问题发表了见解[④]。笔者受到上述各家的启发,亦就本卷写本的几个问题谈谈个人的看法,以求教知者。

一

P.2942 中反映的一件很重要的事件,是"伊西庭留后周逸构突厥煞使主兼矫诏河已西副元帅",文云:

副帅巡内征兵,行至长泉遇害,军将亲观事迹,近到沙州具陈……尚书忠义,僚属具钦。

元帅一昨亲巡,本期两道征点,岂谓中途遇害。

---

① 见池田温《中国古代籍账研究》,日本东京大学出版会,1979年。
② 见北京大学中古中心编《敦煌吐鲁番文献研究论集》,北京大学出版社,1982年。
③ 史苇湘:《河西节度使覆灭的前夕》,见《敦煌研究》第三期。
④ 唐长孺:《敦煌吐鲁番史料中有关伊西北庭留后的几个问题》,《中国史研究》1980年第3期;陈守忠《公元八世纪后期至十一世纪前期河西历史述论》,《西北师院学报》1983年第4期。

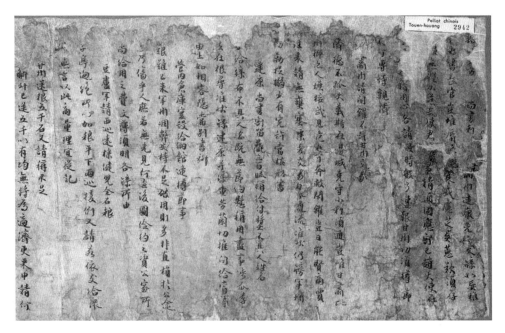

敦煌遗书 P.2942 部分

文中的"两道"指河西与伊西庭,是这位"副元帅"的"巡内",所以这位"副元帅"当为河西和伊西北庭两镇的节度使。文书中多处出现的"尚书",据学者们推测,当与"副元帅"为一人。安家瑶文确认其为杨光烈,史苇湘文推测其为杨休明。笔者也认为后者较为可信,《册府元龟》卷一九三《帝王部·旌表(三)》和《全唐文》卷五〇所载唐建中三年(782年)五月丙申诏书之"故河西兼伊西庭节度观察使、检校工部尚书、兼御史大夫、赠太子太保杨休明"可为一证。

敦煌写本 P.3952 是一件杨休明就"沙州僧尼道纳钱事"给朝廷的奏章残卷。据此得知,休明于乾元年间(758—759年)曾任凉州大都督府的长史。

据记载,吐蕃攻陷凉州后,河西节度使杨光烈逃奔甘州,于永泰元年(765年)十月为沙陀所杀。闰十月郭子仪将此情上奏唐王朝,大概在此同时,休明被任命为河西兼伊西庭节度使。大历元年(766年)五月,休明以沙州为河西节镇。

今敦煌博物馆藏《大唐都督杨公记德碑颂》残碑,与 P.2942 关系密切,很有必要在此一提。碑文云:

时以山东余孽尚殄，皇情分命我公宣慰四道，征甲（中缺）来苏之泳，河湟怀挟纩之恩，二庭发貔武之师，四镇叙琅玕之贡……诏优公忠武将军、守左威卫将军、河西副持节……有诏诏公入朝，列郡居守，独（中缺）日除伊西庭节度等使、摄御史中丞。

唐长孺先生指出，因碑在敦煌，那么这位杨公应为沙州都督。因此，这位杨都督也应该是杨休明，其理由为：

一、杨公"宣慰四道"之时，当为至德二载（757年）九月两京收复后安庆绪、思明之流仍在猖獗之际，休明奉乾元元年（758年）诏命以凉州长史身份在沙州处理僧尼道纳钱事[1]，疑即此情。

二、"河西副持节"即河西节度副使，休明在"宣慰四道"之后至出任节度使之前任此职，亦合乎情理。

三、"伊西庭节度等使"即伊西庭节度观察使，"御史中丞"与"御史大夫"在唐中期可同一而语。

四、据唐制，节度使本人一般兼任节镇所在州的都督或都督府长史。休明身兼河西、伊西庭两镇节度而通常驻节河西，大历元年（766年）五月后沙州是河西节镇，因此，碑文中这位"除伊西庭节度等使"的沙州都督杨公非杨休明莫属。

综上所述，杨休明乾元年间（758—759年）任凉州长史，"宣慰四道"之后被提升为河西节度副使，永泰元年（765年）闰十月后又被任命为河西节度使、伊西庭节度观察使、检校工部尚书兼御史中丞、河以西（河西、伊西庭等地）副元帅，大历元年（766年）驻节沙州后又兼任都督。而休明遇害的时间，当在大历元年（766年）五月移镇沙州后不久，在他管辖之内的伊西庭巡视和征兵途中，被暗杀于西州到北庭之间的驿站长泉。因此，P.2942中的"副元帅""尚书"和《杨公记德颂》碑中的"杨都督"为同一人，即杨休明。

---

①见敦煌写本 P.3952。

## 二

"副帅"遇害后,起草《伊西庭留后周逸构突厥煞使主兼矫诏河已西副元帅》牒文的官员,自称"某某谬司观察、忝迹行军",当为何人？抑是一个值得讨论的问题。

就目前所见资料,担任过河西观察使的有两人,一是杨休明,具衔"河西和伊西庭节度观察使";另一是周鼎,具衔"河西节度观察使"①。关于杨休明,我们前面已论述他是那位被害的副帅,再者唐代虽有一人兼领两镇节度之例,但一人兼任两道观察则不多见。因此,这位"谬司观察"者不会是杨休明,而是周鼎,根据敦煌遗书反映,他久仕敦煌,很可能是杨休明任节度使时的河西观察使。

颜真卿《唐故太尉广平文贞公宋公神道碑侧记》载：

> 公(宋璟)八子……第八子衡,因谪居沙州,参佐戎幕。河陇失守,介于吐蕃,以功累拜工部郎中兼□□御史、河西节度行军司马,与节度周鼎保守敦煌仅十余岁。

从这里可以知道,牒文"忝迹行军"者当为宋衡。同时,这段记述所反映的周鼎与宋衡同舟共济的事迹与牒文中"谬司观察、忝迹行军"者密切配合是一致的。

周鼎是位文官,而且佞信佛教。《大唐李府君修功德记》碑中就记述他游历莫高窟今编第148窟时的情形,又据敦煌遗书反映,敦煌还有一处周鼎佛堂。本牒文中的一些词句,如"侮法无俱三千,搏风妄期九万"云云,就完全是佛家的口气。所以,我们推测牒文中"谬司观察、忝迹行军"者为周鼎和宋衡,有一定的可靠性。

周鼎、宋衡和杨休明大概是同时接受朝廷任命的。大历元年(766年)五月河西节镇移至沙州后不久,因战事紧迫,休明便委托鼎、衡二人驻守沙州,自己去伊西庭巡视、征兵,不料中途遇害身死。休明随从军将赶到沙州向鼎、衡二人陈述详情,鼎、衡二人随即以观察使和行军司马的名义起草牒文,追颂休明,声讨周逸,安抚军民,奏报朝廷。

---

① 见《册府元龟·帝王部·旌表(三)》及《全唐文》卷五〇。安家瑶认定唐时河西无观察使设置,误。

# 三

弄清了上面两个问题,再探讨这卷写本的写作年代就比较容易了。

写本第43行起《甘州兵健冬装,肃州及瓜州并诉无物支给》条云:

甘州兵健冬装,酒泉先申借助。及令支遣,即诉实无。只缘前政荒唐,遂令今日失望。即欲此支物往,又虑道路未清。时属霜寒,切须衣服。事亦应速,不可后时。瓜州既许相资,计亦即令付了。休明。"(按:此处引文从史苇湘、陈守忠又先生断句)

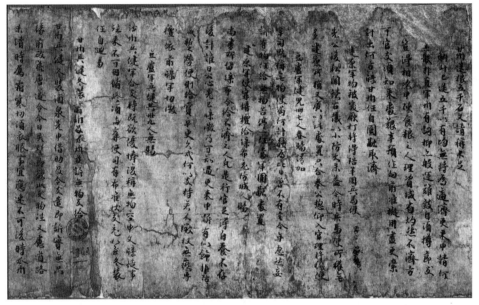

敦煌遗书 P.2942 部分

这是杨休明受理并签署的一份文件。文中明言"时属霜寒",按河西气候,当以十一月之前为宜,可能就是永泰元年(765年)的初冬时节,这与闰十月郭子仪入朝奏事的时间紧密相连。据此可知,杨休明等人大概是在朝廷接受任命的,受任后即赴河西,因凉州已陷吐蕃,休明等人在河西的第一站便是甘州,时已入冬,休明批准了这份申请冬装的紧急报告①。所以,这份文件可能是本卷文书中原书写很早的

---

①安家瑶认为永泰元年(765年)闰十月唐廷准了郭子仪奏表,所派"河西巡抚使"马璘当年秋天就到河西,误。按历法,这年十月已入冬。马璘不可能巡抚河西,陈守忠先生、史苇湘先生文中已辨明。

文件之一。

本卷写本中最晚书写的几件文书,自然是杨休明遇害之后的几篇牒文。从牒文中得知,休明出使伊西庭时除了随从军将外,还带有许多资产及家僮等。这不可能在冰天雪地的冬季这样做,而沙州为河西节镇是在大历元年(766年)五月以后。所以,杨休明遇害和周鼎、宋衡起草、颁布牒文的时间,应该在大历元年(766年)的夏天或秋天。

今天我们看到的P.2942写卷,残存228行,近五十份文件,整卷文书字迹清晰,书写工整,看得出它是出自一人之手并一次写完的,显然是一卷经过汇集和整理的誊抄文卷。不言而喻,它汇集、誊抄的时间当在大历元年(766年)夏、秋之后。誊抄时间的下限,可能不会超过大历二年(767年)。①

## 四

我们回头再谈谈本卷写本的定名问题。

这份誊抄卷收集的几十件文件的原作者,有身为河西、伊西庭两道节度使的杨休明;有身为河西观察使和节度行军司马的周鼎和宋恒;还有一些下级的呈文是出自河西各州、军长官之手。从文章的形式上看,有处理各类军政事务的判文,有作为通告的牒文,还有揭露和声讨叛逆的檄文等。这里恕不一一列举。

这卷写本在誊抄中没有按照这些文件的时间顺序、地点区域或文件类别划分排列,大概是按堆放顺序抄写。它可能是一卷存档文书,也可能是节度使政权内部某工作人员学习书写的公文范文。

基于上述推测,笔者认为,将P.2942的卷名定为《公文集》比《判集》更为妥当一些。因为它们的作者是河西节度使政权和下属的州军官员,所以它的全名应作《河西节度使公文集》。

[原刊于《西北师院学报(1984年增刊)·敦煌学研究》]

---

①这卷文书可能是周鼎在世时抄写的。周鼎大概死于大历二年夏、秋时节。

# 《敦煌廿咏》写作年代初探

　　《敦煌廿咏》是一组描写敦煌地区名胜古迹的五言律诗。目前所见的敦煌遗书中,书写此诗的卷子凡六个,早年为斯坦因、伯希和窃往英、法,现分存伦敦和巴黎,编号为S.6167、P.2690、P.2748、P.2983、P.3870和P.3929。日本学者神田喜一郎先生1948年有校文登载于《东洋学说林》,国内先达王重民先生亦有遗稿,经刘修业先生整理后于《中华文史论丛》1981年第四辑发表,其间有个别出入。笔者近因学习敦煌历史之需,据上述六个卷子的缩微胶卷重新抄录校订。六个卷子(其中完整者四个)关于二十首诗的排列顺序是一致的,可以看出,《敦煌廿咏》大抵是某一作者同一时期的作品。本文拟就它的写作时间问题谈一点不成熟的看法。

一

　　P.3870号卷末有"咸通十年(869年)"和"咸通十二年(871年)"的抄写时间题记。抄写时间不等于写作时间,但给我们提供了写作时间的下限。又诗第十六首《贺拔堂咏》和第八首《玉女泉咏》是关于唐武德年间(618—626年)敦煌刺史贺拔行威和开元年间(713—741年)敦煌刺史张嵩事迹的描述①,故此,《敦煌廿咏》的写作时代非唐莫属。

　　第十首《李庙咏》又为我们提供了一条写作时间上限的重要依据。这首诗主要是咏颂西凉武昭王李暠,首句便称"昔时兴圣帝"。据《新唐书·玄宗纪》载,天宝二年(743年)三月,唐玄宗李隆基加封李暠为"兴圣皇帝"。这就充分证明,《敦煌廿咏》的写作时间不会早于天宝二年(743年)。

---

　　①张嵩(又名张孝嵩)玉女泉射杀妖龙事,敦煌遗书S.5448《敦煌录》、P.3721《瓜沙二郡大事记》及《太平广记》卷四二〇"沙州、黑河"条、徐松《西域水道记》卷三均有较详记述。

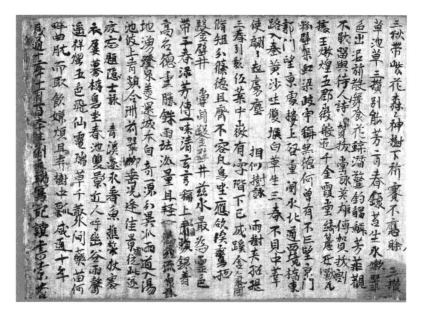

敦煌廿咏（P.3870）

以上为诗本身提供给我们的写作时间线索，在天宝二年（743年）至咸通十年（869年）近一百三十年的范围之内。这是本文推测和论证的基础。

## 二

《敦煌廿咏》序言云："仆到三危，向逾二纪。"它告诉我们：首先，作者不是敦煌人，而是外地人；其次，作者到敦煌已经有二十四年左右。

敦煌廿咏（P.3929-1）

743年到869年间,敦煌地区在777年以前是唐朝统治时期,777—847年为吐蕃统治时期,848年以后重新归唐统治。从767年到777年是吐蕃进攻敦煌、汉族军民据敦抗蕃的战争时期。那么,作者何时来敦煌、又何时写就《敦煌廿咏》呢?

敦煌廿咏(P.3929-2)

历史上,敦煌作为交通要塞、战略重地,在政治、经济、军事、文化等诸方面的交往中,奔忙着各类人物,其中不乏封建文人。唐代中期吐蕃奴隶主贵族乘唐王朝忙于镇压"安史之乱"之机,向唐发动大规模的吞并战争,在占领河西以后,东西交通被隔断了,吐蕃统治区的汉人大都没有行动的自由,他地汉人一般也不会到敦煌来。另外,作为一个文人,《敦煌廿咏》的作者不可能冒着战争的狼烟烽火铤而走险。大中二年(848年)张议潮收复了敦煌,但完全打通东西的通道则是数年甚至数十年整个河西及伊西庭等地归唐以后的事,诗人即使很快来敦煌,到咸通十年(869年)远不足"二纪"。如果上述推测无误,那么作者到达敦煌的时间就只能在770年之前。按此,最晚到达敦煌的770年加上"二纪",就是794年。这样,《敦煌廿咏》的写作时间就限定在743年至794年之间。这五十年又是三个不同的历史时期,即唐朝统治时期、战争时期和吐蕃统治初期。

下面,我们从该诗对当时社会现状的描写来分析它属于哪个时期的作品。

阳关,是"万里通西域,千秋尚有名"的交通咽喉、战略要塞,唐代一直有重兵把守。盛唐时期跟随封常清驻守阳关一带的大诗人岑参,曾写下"洗兵鱼海云迎阵,秣马龙堆月照营"①的诗句,展示阳关驻兵的雄壮军威。(按,鱼海、龙堆指阳关附近的寿昌海、白龙堆)而《敦煌廿咏》作者笔下的阳关,已成废墟,无士卒戍守,"马色无人问,晨鸣吏不听",呈现出"平沙迷旧路,智井引前程"的荒凉破败之景。这种情况,最早也要到阳关驻军因调中原为镇压"安史之乱"而撤离数年后才可能出现。

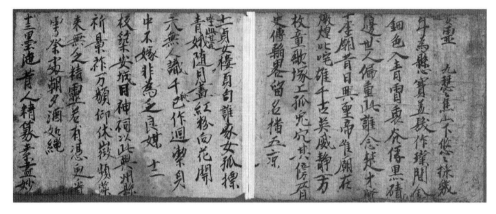

敦煌廿咏(P.3929-3)

再看看这时候西距沙州城八里的李庙②的景象:"牧童歌冢上,狐兔穴坟傍。"自称为李暠之后的敦煌豪族李大宾之辈③,放弃对他们"祖宗"庙陵的营缮,任凭牧童践踩,狐兔穴居。另一方面却展现出整个敦煌和平宁静的气氛。这种情形是不会在战争期间出现的。(当然在战前或战后都有可能)

诗人登上了敦煌城东的"望京门",极目东眺,映入眼帘的是茫茫戈壁,黄风卷着飞沙,在一座座废弃了的烽台、亭障间穿梭,黄沙中还掺杂着从远处刮来的胡虏铁骑荡起的烟尘,唯独看不见日思夜盼的大唐使臣到来。"不见中华使,翩翩起虏尘,"诗句预示着不可避免的战争。这应该是吐蕃进攻敦煌之前的情景。

755年,"安史之乱"爆发,唐王朝把河西的驻军调往中原平息叛乱。从756年开始,吐蕃军队先后攻占了黄河以东的陇右诸州,764年又占领了凉州,敦煌与长

---

①岑参《献封大夫破番仙凯歌》六首之四。载《全唐诗》卷二〇一。

②参见敦煌遗书S.5448《敦煌录》及P.2005《沙州图经》。

③参见《大唐陇西李氏修功德碑记》,载《敦煌研究》试刊第一期65页。

安的通道被阻塞了,但毕竟战火还没有烧到敦煌。《敦煌廿咏》所描述的情景与这段历史情况是相吻合的。据此推定,它的成诗时间当在764—770年,而诗人到达敦煌的时间就应在"安史之乱"爆发前的8世纪40年代前期。

三

《敦煌廿咏》算不上唐诗中的佳作,但它在写作上表现出的广阔意境、豪迈气势和浪漫主义色彩,颇有盛唐诗风的余绪。根据前节的分析可以推断,作者应是开元、天宝时期成长起来的盛唐诗人。与许多盛唐诗人一样,他也是怀着为国家、为民族建功立业的雄心和抱负从中原来到敦煌的。

敦煌廿咏(P.3929-4)

遗憾的是,在大漠戈壁中度过了二十多个春秋之后,他好像并没有如愿以偿,相反,当年火热的激情被冷水浇注,一落千丈。此时此刻,他的处境,有如他在诗中所写:"色入青霄里,光浮黑碛边""二八无人识,千秋已作灰"。发出"谁念楚材贤"的叹息。他后悔自己当初不该来到这个"万古不毛发,四时含雪霜。岩连九陇嵝,地窜三苗乡"的地方。在逆境中,他还是密切关注整个社会动荡不安的局势,为国家和民族的命运担忧:"风雨暗溪谷,令人心自伤"。他复杂的心理,只有在"瑞鸟含珠影,灵花吐蕙薹"的莫高窟"胜境"中,在"波上青苹合,洲前翠柳垂"的环城河"佳景"处,才能得到一点安慰。

更值得注意的是,作者在诗中所表现的爱憎分明的立场、哀痛忧伤的情调和自矜清高的姿态。在他的心目中,有一个形象,像三危山那样高大,像李暠那样"叱咤雄千古,英威静一方,"像无言的相似树那样谦逊而又令人崇拜,可他似乎不在世上,像渥洼池的天马那样,"一入重泉底,千金市不回。"同时又有一个形象,像贺拔行威那样荒淫无度、奢侈腐化,使人厌恶,但这个人似乎是现任长官,诗人盼望朝廷派使臣来,尽快有一个贤能的"鸾"来代替这个"凡鸟"在此栖息。作者没有得到现任长官的重用,也不愿意为他效劳,"德重胜铢两,诸流量且轻""洁身终不嫁,非为乏良媒",孤芳自赏,与世无争。而只有到这个时候,他才能有充足的时间"观图录""览山川",舞文弄墨,借古喻今。

那么,诗人爱谁、褒谁? 憎者、贬者又为何人? 这就有必要追忆一下8世纪60年代后期的敦煌历史情况。

根据有关史料记载,吐蕃攻陷凉州后,河西节度使杨志烈被杀[1],朝廷任命杨休明为河西节度使。休明仕事河西多年,乾元年间(758—759年)曾以长史的身份[2],受朝廷之命"宣慰四道,"[3]"河徨怀挟纩之恩,二庭发貔武之师,四镇叙琅玕之贡,"[4]不久被提升为河西副持节[5],担任河西节度使并伊西庭节度使后,于大历元年(766年)五月"徙镇沙州,"[6]积极准备抗击吐蕃的工作。不幸的是,他在赴西域西道征兵途中遭到暗害。[7]杨休明死后,河西观察使周鼎主持河西事务,后继任节度使。据有关记载获知,周鼎抑久仕敦煌,佞奉佛教,注重玩乐。他在沙州城修建了一座规模颇大的周鼎佛堂,一直到吐蕃统治时期还存在着。[8]大历初年敦煌豪门李大宾建成莫高窟(今编第148窟)时,他曾亲临巡赏。[9]

---

① 《新唐书·代宗纪》

② 敦煌遗书 P.3952《杨休明状》。

③ 见《大唐都督杨公纪德颂》碑,藏敦煌市博物馆。

④ 见《大唐都督杨公纪德颂》

⑤ 见《大唐都督杨公纪德颂》

⑥ 《资治通鉴》卷二二四"大历元年"条。

⑦ 参见敦煌遗书 P.2942 号卷子。

⑧ 参见敦煌遗书 P.3432《赵石老供养具经目录》。

⑨ 参见《大唐陇西李氏修功德碑记》。

从杨休明和周鼎在敦煌的事迹看《敦煌廿咏》,诗人的心情就比较好理解一些。"危山镇群望",三危山鹤立鸡群,俯视着周围的群山,这似乎就是杨休明"宣慰四道"、尽职尽责的写照。无德无道的周鼎,搜刮民脂民膏、兴建佛堂,大概也是"五郡征般匠,千金造寝堂。绮檐安兽瓦,粉壁架鸿梁"的贺拔行威所作所为的再现。贺拔行威在他反叛唐朝、割据敦煌的第三年(武德五年,622年)为敦煌士族所杀。①诗人预言周鼎将得到与贺拔行威同样的下场,"峻宇称无德,何曾有不亡?"果然不出所料,在吐蕃举兵进攻沙州时,周鼎企图焚城西遁,结果被坚决抗蕃的部下所缢杀。②这是后事。

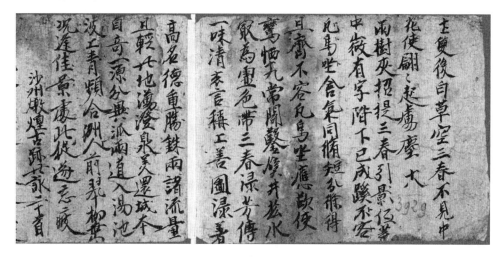

敦煌廿咏(P.3929-5)

杨休明遇害和周鼎主持河西军政事务的时间,在766年底或767年初。《敦煌廿咏》的作者显然对杨、周二人十分了解,目睹沧桑世事,触景生情,欣然命笔。根据该诗中"三春""翠柳垂"及风卷"黄沙"推断,其写作时间应在春末或夏初。因此,《敦煌廿咏》是唐大历二年(767年)四五月间的作品。

顺便说明一点,上述有关杨休明、周鼎事迹和敦煌遗书P.2942号卷子及《大唐

①见《旧唐书·杨恭仁传》。
②见《新唐书·吐蕃传》。

都督杨公记德颂》碑的一些看法,系笔者据《敦煌廿咏》的描写而推定,是否确切,还有待于日后新资料的发现和进一步研讨。如果这一推论能为研究 P.2942 号卷子、《杨公碑》和河西唐史的同志们提供一点线索的话,那就是本文之外的企望了。

综上所述,《敦煌廿咏》的写作时间大抵为767年四五月间。

[原刊于《敦煌研究》1983年创刊号(总第三期)]

## 附:《敦煌廿咏》所记名胜古迹考述(原刊于《阳关》1985年第3期,有改动)。

> 仆到三危,向逾二纪。略观图录,粗览山川,古迹灵奇,莫可详究。聊申短咏,以讽美名云尔矣。

这里告诉我们,作者非敦煌本地学士,而是外地文人,他来到敦煌有二十四年左右的时间(这里以三危泛指敦煌地区)。二十多年的大漠戈壁生涯,可能是遭遇什么厄运或不称心的人和事吧?他游山玩水,舞文弄墨,描述他沉痛、忧伤的心理和憎爱分明的观点,甚至还有一种悲观厌世的情绪。

### 一、三危山咏

> 危山镇群望,岫峨凌穹苍。万古不毛发,四时含雪霜。
>
> 岩连九陇崄,地窜三苗乡。风雨暗溪谷,令人心自伤。

三危山为敦煌名山,它拔地而起,直插云霄,在颠连起伏的石峰峻岭中,鹤立鸡群,分外雄伟、险峻、壮观。寸草无生系由它特殊的地质结构所致。作为祁连山的支脉,它也曾有过四季积雪不化的壮丽景色,一直到明代修《沙州卫志》时"三危雪霁"还被列为敦煌八景之首,可能随着历史的变迁而引起生态环境的变化,这一壮景只能在冬天看到了。"九陇"指与三危山一水之隔的鸣沙山,在唐代,鸣沙山的沙棱有"陇背"之称,因敦煌有三危山而认其为《尚书》中

"(舜)窜三苗于三危"之三苗故地,这一说法在唐代十分流行。诗人用短短的三十个字,把三危山的地理现状和历史传说描述得淋漓尽致。后两句则是诗人借三危山的自然景象,表达对当时整个社会形势的忧虑伤感之情。

## 二、白龙堆咏

传道神沙异,喧寒也自鸣。势疑天鼓动,启似地雷惊。

风削棱还峻,人跻刃不平。更寻栖井处,时见白龙行。

据记载,白龙堆位于敦煌西南古阳关之外的戈壁滩上。这首诗所写的是与三危山齐名的敦煌名山——鸣沙山之情景,诗人在这里运用了敦煌远古时期强龙搏斗的传说。据敦煌遗书《敦煌录》载:"此山神异,峰如削成。其间有井(即月牙泉),沙不能蔽。盛夏自鸣,人马践之,声震数十里。风俗端午日,城中仕女皆跻高峰,一齐麾下,其沙声吼如雷;至晓看之,峭嶙如旧。古号鸣沙,神沙而祠焉。"这种神奇的现象,至今依然如故。

## 三、莫高窟

雪岭干青汉,云楼架碧空。重开千佛刹,旁出四天宫。

瑞鸟含珠影,灵花吐蕙蒸。洗心游胜境,从此去尘蒙。

这里的"雪岭"和"云楼"指莫高窟对面高耸入云的三危山及其顶上的小亭子(现存的小亭为1928年修建,但据记载,三危山顶上很早就有木亭)。当时,莫高窟修建处于极盛时期,已有窟龛千余且继续大兴木石建造,现存的许多洞窟就是那个时候修建的。神刀鬼斧,精工绝艺,一幅人间天堂的景象。作者显然不是佛教信徒,但在莫高窟似乎可以得到一种精神上的安慰。这里的气氛和当时整个战争的形势很不相称,但诗人在这里为它大唱赞歌,把它作为胜境来咏颂。

## 四、贰师泉咏

贤哉李广利,为将讨匈奴。路指三危迥,山连万里枯。

抽刀刺石壁,发矢落金乌。志感飞泉涌,能令士马苏。

据莫高窟藏经洞出土的《沙州都督府图经》引《西凉异物志》记载,西汉武帝时,贰师将军李广利率兵讨伐大宛,行至三危山下,兵士渴乏难忍,军心涣散,李广利以掌拓山,仰天悲誓,用身佩宝剑捅刺石崖,泉水随即从悬壁涌出,以济三军,人多皆足,人少不盈。因泉水出自悬崖,故有"悬泉"之称。其遗址在今安西境内的三危山下,有水名吊吊泉者即是。诗人这里描写即此事,同时又表达了他对如李广利那样英勇善战又能与将士们同甘共苦的将帅的崇敬。

## 五、渥洼池天马咏

渥洼为小海,伊昔献龙媒。花里牵丝去,云间曳练来。

腾骧走天阙,灭没下章台。一入重泉底,千金市不回。

渥洼池即今黄水坝水库,位于敦煌南湖公社,又名寿昌海。据《汉书》记载,西汉武帝时有一个叫暴利长的人,因犯罪被流放到敦煌,他在渥洼池边用计谋擒获一匹高大肥壮的天马献给汉武帝,武帝遂有《天马歌》传世。诗人在这里运用了许多关于马的典故,塑造了天马的形象,细究其意,可能是借喻天马表达对故人的思念之情。

## 六、阳关戍咏

万里通西域,千秋尚有名。平沙迷旧路,智井引前程。

马色无人问,晨鸡吏不听。遥瞻废关下,昼夜复谁扃?

阳关,从西汉设置以来,一直是交通要塞,战略重地,唐朝前期一直有重兵把守,"安史之乱"爆发后,驻扎在这里的精兵良将调往中原平叛,阳关遂废,当诗人游览这一带的时候,此地不仅无兵卒戍守,而且由于战争频繁,连东来西往的商人也七零八落,全无往日盛况,与十几年前跟随封常清驻守阳关的大诗人岑参笔下"洗兵鱼海云迎阵,秣马龙堆月照营"雄壮军威的情形形成鲜明的对照。诗人遥望这荒凉破败的废墟,联想到当时社会之动荡态势,触景生情,为敦煌的安危而担忧。

## 七、水精堂咏

　　阳关临绝漠,中有水精堂。暗碛铺银地,平沙散玉羊。

　　体明同夜月,色净含秋霜。可则弃胡塞,终归还帝乡。

　　水精堂可能是当时阳关附近的一幢建筑物,造型美观,装饰华丽,在大漠戈壁的茫茫夜色里放射出奇异的光彩。水精堂可能是来往于阳关内外的商旅们募资兴建的,作为他们的小憩之地。

## 八、玉女泉咏

　　用人祭淫水,黍稷信非馨。西豹追河伯,蛟龙遂隐形。

　　红妆随洛浦,绿须逐浮萍。尚有销金冶,何曾玉女灵?

　　这里讲的是张嵩在玉女泉射杀妖龙、为民除害的传说故事,这个故事在敦煌遗书和《太平广记》等史籍中均有记载,梗概如下:

　　唐开元三年(715年)张嵩被任命为敦煌刺史。他到达敦煌后,从当地百姓那里了解到,在敦煌城西北一百八十五里处的疏勒河与党河汇流的下游,有一眼玉女泉。沙州每年要选送童男童女各二人投入玉女泉祭祀,如果有一年不依,便降霜雹,践平庄稼。那些被作为祭品的童男童女们,一开始哭天喊地,不愿离去,如若出城,全无眷恋之情,而携手共进、自入泉中。人们被逼得无可奈何,只好送上自己的儿女以求得郡泰民安。张嵩闻此,怒发冲冠,决心为民除害。他先是去民间征收了大量的废铜烂铁,又派人在玉女泉边设置了祭祀的坛场,然后带上牲畜和美酒亲率三军,列队坛前,高声喊道:"从我者福,逆我者殃,请神出现就坛,我欲面此祭享。"其神经良久不现。嵩又怒吼一声:"神若不现,我即将污秽之物施入泉中,并遣三军推沙倒石,填平此泉!"其神始出,为一龙身,长数丈,妖龙吃完了坛上的祭品,并没有离坛而去,而是摇头摆尾,一会儿看看坛前的人群,一会儿又望望天空,它那洋洋自得、不可一世的神情似乎在告诉大家:它还会吃人的,要不然就会让天上降下寒霜冰雹。张嵩暗自从一个士兵手中接过事先准备好的弓箭。乘龙头朝向天空的一刹那,一箭射中龙喉,随即拔剑砍下龙头,没想到,别具神通的龙尸扑通一声跳入泉中。张嵩遂命三军将士砌起六座高炉,将收集来的铜铁冶炼成汁,灌入泉中。突然间,一声怒吼,龙尸跃泉而出,腾空而去。张嵩带领众人填平了玉女泉。因见龙尸在飞腾时遗弃在地上的筋骨,恐有后患,便于其处兴建浮屠,以镇妖魔。自此以后,敦煌一郡消灾除障、人寿年寿。张嵩将龙头进献朝廷,唐玄宗嘉称再三,割龙舌并取明珠七颗及绵采器皿赐予张嵩,封号"龙舌张氏",永为勋荫。

作者在这首诗中把张嵩射杀妖龙、填平污泉、为民除害的事迹,与西门豹治邺相提并论。当然,这个故事本身有许多神秘色彩充斥其中,但事情的时间、地点、过程记载得详细而又具体,到今日,在被敦煌群众称为北湖的地区,玉女泉的遗址仍可寻觅。所以,我们还不能否定这个故事在一定程度上的真实性。

## 九、瑟瑟监咏

瑟瑟焦山下,悠悠采几年。为珠悬宝髻,作璞间金钿。

色入青霄里,光浮黑碛边。世人偏重此,谁念楚材贤?

瑟瑟是一种玉石类的名贵矿物,敦煌一带可能在唐时或以前出产此物,并设立专门机构开采、利用和管理,这就是"瑟瑟监"。诗人在这里主要借瑟瑟监来咏怀瑟瑟,因为瑟瑟本身不是什么名胜古迹,而这里的瑟瑟监可能是一幢建筑物。据记载,吐蕃奴隶主贵族曾用佩戴金银珠宝以区分身份、地位的高低,其中佩瑟瑟更为最上最尊者,这就是诗文第三、四句的描写。当然,诗人在这里通过描写矿物来叹息自己的处境,他自比和卞,以得不到重用而发泄不满。

## 十、李庙咏

昔时兴圣帝,遗庙在敦煌。叱咤雄千古,英威静一方。

牧童歌冢上,狐兔穴坟傍。晋史传韬略,留名播五凉。

5世纪初,敦煌是西凉的首都,西凉王是李暠。据《十六国春秋》记载,李暠曾在敦煌城西八里处为其父立庙,号曰李先王之庙;其后代又在庙旁为暠子李谭、李让、李恂等所立之庙,名曰李庙;唐代时,人们习惯上把两处合称李庙。这首诗通过描写李庙的现况来歌颂敦煌历史上的一代英贤李暠,李暠死后封为武昭王,因唐高祖李渊自称是李暠之后,所以李暠在唐代又经几次加封,"兴圣帝"是唐玄宗开元四年(716年)为李暠加的封号。这首诗反映了处在战争前夜的敦煌出奇安静的景象,诗人看到李氏陵庙的残败景象,心中激起对李暠的崇敬,也是对自称李暠之后而致力于营建佛窟的敦煌官僚李大宾之流的嘲弄。

## 十一、贞女台咏

贞白谁家女? 孤标坐此台。青娥随月转,红粉向花开。

二八无人识,千秋已作灰。洁身终不嫁,非为乏良媒。

据《十六国春秋》记载,后凉隐王吕诏之美人张氏,敦煌人,品行端正,姿色美丽,年十四,吕诏被杀,便请出家,为沙门法辩。吕隆(后凉王)见起邪心,想占有她,派中书郎裴敏前往劝说,张氏善言明理,裴敏被驳得哑口无言。吕隆见此亲自感通,张氏整理了一下衣襟,说:"钦乐至道,故投身空门,恐一旦辱于人,誓不毁节,今见逼如此,岂非命也?"于是走上门楼自投于地,两条小腿被折断,她随即口念佛经,神态自若,从容而死。后人可能在她的故乡——敦煌筑台塑像来纪念这位贞烈义女。诗人在这里以贞女自居,认为自己虽然得不到重用,但并非无才或无人推荐,而是不愿意去效劳,表现出一种自矜清高的姿态。

## 十二、安城祆咏

版筑安城日,神祠与此兴。一州祈景祚,万类仰休征。

苹藻采无乏,精灵若有凭。更着雩祭处,朝夕酒如绳。

祆教又称拜火教,创立于波斯,南北朝时期经丝绸之路传入我国。隋唐时期在长安和洛阳都有过祆祠。如这首诗所述,可知当时在敦煌城附近,有一土城,可能是波斯的安息人或中亚的安国侨民居住,而称安城,城内抑建有祆庙,敦煌地区的黎民百姓经常来这里祭祀,来往的西域商旅就更不用说了。诗人在这里运用了有酒如渑的典故来描述祆庙祭祀活动的盛况。

## 十三、墨池咏

昔人精篆素,尽妙许张芝。草圣雄千古,芳名冠一时。

舒笺行鸟迹,研墨染鱼缁。长想临池处,兴来聊咏诗。

张芝是中国历史上有名的书法家,因擅长草书,遂有"草圣"之称。他祖籍南阳,出生于东汉末年的敦煌渊泉县,青少年时期常在敦煌城北的大水池旁蘸水练习书法,后人叫此池为张芝墨池。唐开元四年(716年)九月,在池中发掘出一石砚,长二尺,宽一尺五寸,疑即张芝古物。时任敦煌县令的赵智本劝芝之后裔于池旁立庙,并塑张芝像置于庙中,供后人参观、瞻仰。诗人在这里借咏墨池而表达对张芝的崇敬之情,特别是对张芝草书的赞赏。

## 十四、半壁树咏

半壁生奇木,盘根到水涯。高柯笼宿雾,密叶隐朝霞。

二月含青翠,三秋带紫花。森森神树下,祈赛不应赊。

这里所描述的是一株生长在悬崖上的大树,根深干壮,枝繁叶茂,在敦煌地区,能从半崖中生长出这样一株大树,实乃一大奇观,因此人们就像敬奉神灵一样地敬奉它。

## 十五、三攒草咏

池草三攒别，能芳二月春。绿苔生水嫩，翠色出泥新。

散舞飧花蝶，潜惊触钓鳞。芳菲观不厌，留兴待诗人。

这里被描写得如此神奇的小草不是别的，就是遍布敦煌大地的芦苇。这种多年生草本植物，很适宜在沙漠的水滩中生长，有的可以长到两米多高，从泥水中钻出来，显得那么鲜嫩、翠绿，顶上群蝶飞舞，水中鱼虾畅游。特别是一阵轻风吹来，芦草左右摇摆，好像在向人们频频点头，多么令人留恋，多么富有诗情画意啊！这首诗表达了作者对他生活了二十多年的敦煌的深厚情感。

## 十六、贺拔堂咏

英雄传贺拔，割据王敦煌。五郡征般匠，千金造寝堂。

绮檐安兽瓦，粉壁架鸿梁。峻宇称无德，何曾有不亡？

这里讲的是初唐叛臣贺拔行威的事迹。武德三年（620年）十二月，担任瓜州（当时敦煌）刺史的贺拔行威举兵反叛唐朝，一年多以后，武德五年（622年）五月，瓜州豪族杀贺拔，重新归唐。贺拔在割据敦煌的一年多时间里，从河西各地征调能工巧匠，不惜耗费民力财力，大兴土木为自己兴建豪华富丽的安乐窝。这种倒行逆施的行为，导致了他最后必然覆灭的下场。作者在这里可能借故人亡灵来讽刺和诅咒当时在任的敦煌地方官吏们不顾战火燃眉，无视人民安危而逍遥自得、奢侈腐化的作风。

## 十七、望京门咏

郭门望京处，楼上起近湮。水北通西域，桥东路入秦。

黄沙吐双堠，白草生三春。不见中华使，翩翩起虏尘。

望京门是州城之东门，门顶可能建有小楼供登高远望。处在交通咽喉、战略要塞的沙州，这时候与中原唐王朝的联系隔绝了，诗人登上望京门，举目东眺,映入眼帘的是,茫茫戈壁上一簇簇的白草沙堆,黄风卷着飞沙,在一座座被废弃了的烽台、亭障间穿梭,黄沙中还夹杂着胡虏铁骑荡起的烟尘。战争已经迫在眉睫,却看不见日思夜盼的大唐使臣到来。在当时,望京门算不上什么名胜景致,但诗人借此来抒发内心深处的情感。

## 十八、相似树咏

两树夹招提,三春引影低。叶中微有字,阶下已成蹊。

含气同修短,分条德且齐。不容凡鸟坐,应欲侯鸾栖。

这里所描写的大概是某一寺院门口的两棵大树,因为长得相像,故称相似树,在寺院进行佛教活动的善男信女们通过树下的台阶进入活动场所,诗人用了许多有关树的佛教术语和典故来赞美这两株树,同时又以此来影射现实中的人和事。

## 十九、凿壁井咏

尝闻凿壁井,兹水最为灵。色带三春绿,芳传一味清。

玄言称上善,图录著高名。德重胜铢两,诸流量且轻。

凿壁井,顾名思义,开凿在峭壁上的水井。其址无处查访。诗人在这里运用许多关于水的典故和赞语来咏颂这眼奇特的水井,以表现作者个人的孤傲清高、与世无争。

## 二十、分流泉咏

地涌澄泉美,环城本自奇。一源分异派,两道入汤池。

波上青苹合,洲前翠柳垂。况逢佳景处,从此遂忘疲。

唐朝时期,在敦煌城的周围有一条护城河,发源于城外西南角的大泉,分两道绕城四周,至东北角向北流去,北至城七里,流入党河。正是早春时节,诗人漫步在护城河边,观赏着水面上随波摆动的田字青草和两旁倒垂的翠柳嫩枝,忘记了疲劳和不快,感到无限欣慰。这里流露出诗人内心深处对敦煌的情感。

　　虽然一千多年过去了,但我们今天从《敦煌廿咏》的描写中能深刻地体会到,敦煌是富饶美丽的。诗文中描述的二十处名胜古迹,虽然有一些已不复存在,但大部分至今尚可寻见,有一些还在继续造福于人民。如渥洼池,特别是举世闻名的艺术宝库莫高窟,至今并且永远放射着灿烂的光辉。以莫高窟为首的敦煌名胜古迹,是中华民族智慧的结晶,是我国古代劳动人民用自己的辛勤劳动改天换地的见证。

（原刊于《阳关》1985年第3期）

# 《杨公碑》与《大历碑》作者推测

　　敦煌博物馆藏《大唐都督杨公记德颂》碑（简称《杨公碑》）与莫高窟第148窟前室之《大唐陇西李府君修功德碑记》（简称《大历碑》），二者属于同一时期之碑刻，由于有残缺，其撰写人姓名均已湮失。

　　经初步考定，《杨公碑》所颂之杨公为河西兼伊西庭节度使、沙州都督杨休明，他于大历元年（766年）死于任上。[①]因此，这块碑应立于此时或其后不久。碑文首行残存"……冥安丞……支度判官杨 㧟"等字迹，应为碑文作者之题名。冥安即汉敦煌郡冥安县旧地，唐置瓜州于此，[②]属河西节度使。由于这一时期之河西史事很少见于记载，这位"冥安丞"杨某不知为何人，它只是为我们提供了可为推测的线索。

　　《大历碑》记述的是敦煌豪族李大宾一家兴建莫高窟第148窟之"功德"，敦煌遗书中保存其抄本两件：P.4640只抄录开头数行一百二十余字，起首云："陇西李家先代碑记杨授述；"P.3608抄录全文，起首为"大唐陇西李氏莫高窟修功德记节度留后使朝议大夫尚书刑部郎中兼侍御史杨绥述"，对照上下文可知，此"绥"为抄写之误。由此可见，《大历碑》碑文之作者当为杨授。又据碑文所记，立碑时间为大历十一年（776年）八月十五日，书丹手为阴庭诫[③]。碑文讲道，莫高窟第148窟建成之初，河西节度使周鼎前来巡拜。周鼎与杨休明原同在沙州之河西节度政权为官，大

---

①见拙作《沙州陷蕃年代再探》及《关于P.2942写卷的几个问题》载《敦煌研究》总第五期及《西北师院学报·敦煌学研究》1984年增刊。

②此从清·黄文炜《重修肃州新志·安西卫》之说。

③拙作《沙州陷蕃年代再探》误以阴庭诫为碑文作者，谨此作正，并向读者致歉。

历元年(776年)休明死后,周鼎接替其职,第二年秋季,周鼎亦死①。因此,第148窟建成与周鼎巡窟当在大历二年(767年)上半年,当时,大宾弟灵悟法师请求周鼎为其建窟之举树碑立传,周鼎便委托杨授撰写碑文②。不久,周鼎被杀。到大历十一年(766年)时,已逾十载,杨授叙述了李氏家史与功德,又追述了周鼎对他的嘱托,撰成碑文,由大宾之妹夫阴庭诚书写于碑石。

　　周鼎既然指令杨授当仁不让地为李家撰写碑文,说明他很欣赏杨授的才能:或者说,杨授在周鼎麾下已有过这方面的成绩,这就是《杨公碑》碑文的撰写。周鼎与杨休明为同仁,又接替休明之职,《杨公碑》肯定是在他的主持下篆刻的,而且,《杨公碑》之撰述者亦姓杨,碑刻残存其名字迹"抇"又与"授"十分相近,所以,笔者认为,撰写《杨公碑》的那位"杨"也应该是杨授,其时当在大历元年(766年)年底,"……冥安丞……支度判官"为当时之职务。而P.3608所记"节度留后使朝议大夫尚书刑部郎中兼侍御史"应为其大历十一年(776年)时之职衔。

(原刊于《敦煌研究》1986年第4期)

①见拙作《沙州陷蕃年代再探》及《关于P.2942写卷的几个问题》载《敦煌研究》总第五期及《西北师院学报·敦煌学研究》1984年增刊。
②详见《大历碑》碑文,载《敦煌研究》试刊第一期。

# 沙州陷蕃年代再探

## 问题的提出

沙州陷蕃年代是一个讨论了约八十年的老课题,据菊池英夫统计,先后提出过六种看法①,其中四种已基本被否定,剩下的两种即建中二年(781年)说和贞元三年(787年)说还在继续讨论。

然而,人们在讨论这个问题时,似乎忘记了另一种说法(菊池英夫也未做统计),即吴廷燮在《唐方镇年表补正》中根据颜真卿《唐故太尉广平文贞公神道碑侧记》(以下简称《侧记》)所载提出的大历十二年(777年)说②。其实,《侧记》中的这段记载是研究这一问题的学者们比较熟悉的,但仍不妨全引(着重号为引者所加,后同):

> 公(宋璟)八子……第八子衡,因谪居沙州,参佐戎幕。河陇失守,介于吐蕃,以功累拜工部郎中,兼□□御史、河西节度行军司马,与节度周鼎保守敦煌仅十余岁,遂有中丞、常侍之拜。恩命未达而吐蕃围城,兵尽矢穷,为贼所陷。吐蕃素闻太尉名德,曰:"唐天子,我之舅也;衡之父,旧贤相也。落魄于此,岂可留乎?"遂赠以驼马送还,大历十二年十一月以二百骑尽室护归……
>
> 大历十三年春三月吏部尚书颜真卿记。

这里明确告诉我们,宋衡是在大历十二年(777年)十一月因沙州"为贼所陷"

---

① 见《敦煌讲座(二)·敦煌的历史》,大东出版社,1980年。
② 《侧记》全文载《金石萃编》亨部卷九七;吴廷燮文见《唐方镇年表》第3册,中华书局,1982年。

而由吐蕃送归长安的。到大历十三年（778年）三月，前后只有四个月的时间，作为当代名臣颜真卿对于这一事件的记载，应该说是有一定的可靠性。

近年，笔者在学习敦煌历史的过程中，翻阅了一些资料，觉得这个问题有重新探讨的必要，故就此谈几点不成熟的看法，以求教知者。

## 唐蕃河西战争的历史形势

利用历史综合资料的方法研究整个历史，是因为这些史料反映了整个历史的轮廓或某一历史阶段的背景，而从史料的字里行间考证历史过程中的某一具体事件，是因为这些具体历史事件直接或间接地、明确或隐晦地记载在史料中。这二者从来是相互依赖、相互补充和印证的，特别是后者对前者的依赖。研究沙州陷蕃年代问题也是这样，我们最终要从对史料一些文字的考证中得出结论，但这个结论首先必须符合当时河西地区乃至整个社会历史背景，脱离了这一点，这个结论就一定是靠不住的。

吐蕃是7世纪初在西藏形成的一个属于上升时期的奴隶制王朝，是与唐朝并存于中国大地上的政权之一。虽然它一开始就同唐朝结成甥舅之好，但在唐蕃边界上大大小小的武装冲突一直没有间断过。吐蕃奴隶主贵族早就怀有吞并唐朝长安以西的大片疆土以至消灭唐朝的野心，只是由于唐朝前期国势强盛，边界上精兵数十万，良将千余员，使其无懈可击。755年，唐朝内部爆发了"安史之乱"，边界上的重兵大都调往中原平叛，吐蕃军队便乘虚而入。他们先是攻占了陇右的十几个州郡，于763年10月攻进唐朝京师长安，十几日后又退居陇右并以此为根据地，开始了对黄河以西唐朝疆土的大举进攻。

吐蕃军队在墀松德赞地指挥下进攻河西，真可谓风卷残云，势如破竹。尽管河西汉唐军民也曾进行了不屈不挠的抵抗，怎奈势单力薄，寡不敌众，无法阻挡吐蕃的百万铁骑。从广德二年底（764年）到大历元年（766年），吐蕃连克河西重镇凉、甘、肃三州。《元和郡县志》所载此三州陷落吐蕃的时间是学术界所公认的。

肃州再往西就是瓜州和沙州。根据《元和郡县志》所载，瓜州的陷蕃在大历十一年(776年),沙州则在建中二年(781年)陷落。应当承认,《元和郡县志》的成书年代距吐蕃进攻河西的年代相去不远,其记有一定的可靠性。然而,在近几十年的研究中,从贞元三年(787年)说的首倡者、法国学者戴密微开始,国内外许多专家学者对沙州建中二年(781年)陷蕃的记载提出许多不无根据的怀疑或否定意见。这就是说,在今天看来,《元和郡县志》的记载并不都十分准确。既然对沙州陷蕃的年代可以提出异议,那么对瓜州陷蕃的年代也可以怀疑。首先,从吐蕃方面讲,不可能在攻克肃州后停留十余年才去进攻瓜州;其次,从瓜州方面讲,并没有能够抵抗吐蕃进攻达十余年之久的防御力量。根据当时的形势分析可得,吐蕃攻陷瓜州的时间应该在大历二年(767年)左右。同时,便开始了对沙州的进攻。

## 沙州的河西节度使政权

据两《唐书》和《资治通鉴》记载,凉州陷蕃后,河西节度使杨志烈逃奔甘州,于永泰元年(765年)十月为沙陀所杀。闰十月,郭子仪将此事奏报唐德宗,朝廷任命杨休明继任河西节度使。大历元年(766年)五月,因甘、肃二州又相继陷落,休明遂以沙州为河西节镇,积极组织和领导抗击吐蕃的战备工作。

按照唐代地方机构的设置,节度使的衙门是节镇所在州的都督府,一般由节度使本人兼任都督或都督府长史。[1]杨休明与杨志烈一样,此时兼领河西与伊西庭两镇节度使,而通常驻节河西[2]。据今敦煌博物馆藏《大唐都督杨公记德颂》残碑言,此杨都督"除伊西庭节度使",可知此杨公为河西、伊西两镇节度使、沙州都督杨休明。

史籍关于杨休明的记载极少,其他的材料也不多见。从目前有限的资料可知,休明久仕河西,乾元年间(758—759年)曾以凉州长史的身份在沙州处理僧、尼、道

---

[1] 如杜鸿渐,《旧唐书》本传载:"至德二年,兼御史大夫,为河西节度使,凉州都督,两京平,迁荆州大都督府长史、荆南节度使。"

[2]《全唐文》《唐大诏令集》《册府元龟·帝王部》载建中三年(782年)五月诏书云:"故河西兼伊西北庭节度观察使、检校工部尚书、兼御史大夫、赠太子太保杨休明。"以此可证。

纳钱事,①这大概就是杨公记德碑所谓"时以山东余孽尚殄,皇情分命我公宣慰四道,(中缺)来苏之咏,河惶怀挟纩之恩,二庭发貔武之师,四镇叙琅玕之贡。"当时凉州为河西节镇,在安庆绪、史思明之辈猖獗之际,休明以长史身份代行节度使之职,受朝廷之命,出使陇右、河西、伊西庭和安西四镇,安抚百姓、征收赋税、募集资金、招募兵马。大概是因为杨休明颇有才能,也了解这些地区的情况,所以在杨志烈死后,朝廷在任命他为两镇节度使的同时,为适应战事的需要,还给他一个"河以西副元帅"的头衔,实际上成为黄河以西一带抗蕃战争的总指挥。

又据莫高窟《大唐陇西李府君修功德碑记》(即《大历碑》)与前述《侧记》之记载可知,当时沙州的河西节度政权中还有两名高级官员,一名是观察使周鼎,另一名就是行军司马宋衡。"河西节度行军司马"即节镇都督府长史,是节度使最得力的助手。观察使本属朝廷派驻各地的文官,负责对地方的监督和与朝廷的联系,一般不参与地方的军政事务,而据《新唐书·吐蕃传》载,周鼎还担任沙州刺史一职,可能是当时河西与长安不便联系,为适应抗蕃的需要,朝廷做这样的安排,让周鼎作为节度使政权的要员直接参与战备组织工作。

《大唐都督杨公记德颂》云:

> 有　　诏诏公入朝,列郡居守,独(中缺)日除伊西庭节度等使,摄御史中丞。霜威夏寒,劲节秋凛,总我戎律,懿兹谋猷(中缺)饬装,不疑于衷,吾道西矣,此又公之惠泽。

据此可知,杨休明等人大概是在长安接受朝廷任命的,随即奔赴河西,沿途在诸州、军处理了许多重大军政事务。因为当时凉州已陷,休明等人在河西的第一站便是甘州。敦煌写本P.2942中有一件处理"甘州兵健冬装"的官文书,末尾有杨休明的签名②,文中明言"时属霜寒",当指十一月之前的初冬时节,此与《资治通鉴》所记大历元年(766年)闰十月郭子仪奏请朝廷河西事之时相接,可知此卷写本中所

---

①见敦煌遗书P.3952,该卷中有"以前侍御史判凉州长史杨休明奏"云云。
②见史苇湘《河西节度使覆灭前夕》,载《敦煌研究》1983年创刊号。

汇集的约五十件官文书,都是杨休明任节度使后河西一些重大事件的记录①。

大历元年(766年)五月,杨休明等人到了沙州,遂以此为河西节镇,在周鼎和宋衡的协助下,他又处理了许多重大的军政事务,包括与周边兄弟民族的关系,如P.2942所记"判诸国首领停粮""思结首领远来请粮事"等。沙州河西节度使政权在立足未稳、战火即至之际,承受很大的压力,妥善处理与兄弟民族的关系,表现了杨休明等人维护民族团结的大义。

大概在此后不久,杨休明委托周鼎、宋衡驻守沙州管理河西军政事务,自己去了管辖之内的伊西庭巡视、征兵,不料在中途遭到伊西庭留后周逸的暗害。这件事,P.2942记载得比较清楚:

敦煌遗书 P.2942 片段

伊西庭留后周逸构突厥煞使主兼矫诏河巳西副元帅

祸福无门,惟人所召;奸回不轨,在法攸书。副帅巡内征兵,

---

①关于P.2942,国内外学者已作过一些研究,笔者不敢妄加依从,留待日后专文探讨。

行至长泉遇害,军将亲观事迹,近到沙州具陈。建谋出

自中权,纵逼方凭外寇。逐兔者犬,可矜愚于小戎,指纵者

人,宜责智于大匠。览三军之状,已辨淄渑;听两道之词,了

分曲直……

尚书忠义,寮属钦崇,生前无人间言,殁

后状称矫诏。假守志径为国,披心恨不显诛。岂惟名

行湮沉,实谓奏陈纰缪。将士见而愤激,蕃虏闻而涕流……

又伪立遗书,躬

亲笔削,姿行贪猥,莫顾章程。况随使之财,尽知优赡;

供军玉帛,众委丰饶。人虽非命薨亡,物合却归府库。今者

马承官印,货被私收,杂畜全留,家僮半放。语亲殊非骨属,

论义正是血仇!更何因依,独擅封植。且煞人求饷,尚召初征,

害使贪荣,能无后患?离心速寇,当即非赊;夺魄丧名,期

于不远。事复彰露,迹甚猖狂……

周逸非道,远近尽知,理合闻天,义

难厘务。既要留后,任择贤良。所贵当才,便请知事。某某

谬司观察,忝迹行军,欲宽泉下之鱼,有惭弦上之矢。公道

无隐,敢此直书!各牒所由,准状勘报。当日停务,勿遗东西。仍

录奏闻,伏待　　进止。

这件文书的作者,自称是"谬司观察,忝迹行军,"知其为观察处置使周鼎和行军司马宋衡,这位遇害的副元帅应是杨休明。周逸暗地里对杨休明下了毒手,表面上又是一套:假造诏书,伪立遗书,私吞随行资产,又欺上瞒下。鼎、衡二人在沙州听取了休明随行军将的详细陈述,因"公无隐,敢此直书,"历数周逸罪恶,称颂休明功勋,通告诸州,呈奏朝廷。牒文称赞:"彼道(指伊西庭)军将,早抱忠贞;数州具寮,素高节操,"并希望同僚们吸取前车之鉴,为国家选拔贤才良将,保卫边疆。从这里可以看出,周鼎、宋衡二人在外寇紧逼、主帅被杀的严峻形势下,尚能风雨同

舟、密切配合、悼念先烈、声讨叛逆、动员兵民,共同担负抵抗蕃戎、保卫唐朝疆土的重任。

## 周鼎之死

周鼎在吐蕃开始进攻敦煌的那年(吐蕃攻陷敦煌的十一年前)为部下阎朝缢杀身死,这一点,国内外专家学者未曾提出异议。其根据是《新唐书·吐蕃传》的记载:

> 始,沙州刺史周鼎为唐固守,赞普徙帐南山,使尚绮心儿攻之。鼎求救回鹘,逾年不至,议焚城廓,引众东奔,皆以为不可。鼎遣都知兵马使阎朝领壮士行视水草,晨入谒辞行,与鼎亲吏周沙奴共射,彀弓辄让,射沙奴既死,执鼎而缢杀之,自领州事。城守者八年,出绫一端募麦一斗,应者甚众。朝喜曰:"民且有食,可以死守也。"又二岁,粮械尽竭,登城而呼曰:"苟毋徙它境,请以城降。"绮心儿许诺,于是出降。自攻城至是凡十一年。

周鼎到底死于何时?一种说法是周鼎死于大历五年(770年)左右,系由《元和郡县志》所载沙州建中二年(781年)陷蕃推算而来,除此之外别无其他根据。另一种说法是周鼎死于大历十二年(777年),其根据是莫高窟《大历碑》和《侧记》所谓周鼎在大历十一、十二年似乎还健在,戴密微先生在其名著《吐蕃僧诤记》中对《侧记》关于"为贼所陷"的解释是指周鼎为阎朝缢杀之事。戴密微先生在解释"为贼所陷"时,摒弃了这句话的大前提"兵尽矢穷"一语,所以得出的结论是不能令人心悦诚服的。但是,用周鼎之死的时间来推算沙陷蕃的时间,似乎是抓住了问题的关键。为此,笔者抑就此谈一点个人看法。

按照《新唐书》的记载,周鼎是因请求救兵不至,打算焚城逃跑而被阎朝缢杀的。周鼎是如何"求救回鹘"的,我们没有见到可以佐证的史料,但周鼎确实请求过救兵,这一点在敦煌写本 P.2942 反映了一些迹象:

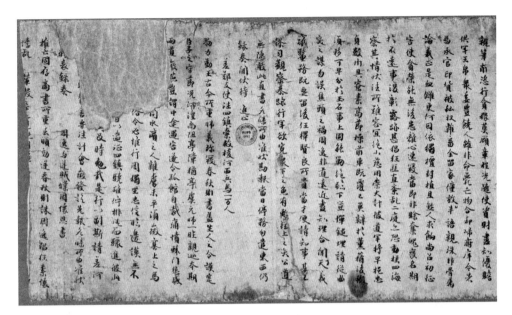

敦煌遗书 P.2942 片段

差郑支使往四镇索救援河西兵马一万人

勠力勤王,古今所重;帅义弥寇,春秋则书。盖生人之令谟,实臣子之守节。

况河湟尚阻,亭障犹亭虞。元帅一昨亲巡,本期两道征点,岂谓中途遇害,遂

令孤馆自裁,痛愤辕门,悲感

(缺)问水滨之人;杂虏未平,须征塞上之马。

(缺)俗令,必惟行周。独坐忠信,临边谟,无不

(缺)日以遄征;四镇骁雄,伫排风而骤进。彼此

(缺)及时勉哉,是行以副斯请。差河

(缺)赞善,专往计会征,发讫先报。各牒所由,准状

□□,修表录奏。

这段牒文紧接前引《伊西庭留后周逸构突厥煞使主兼矫诏河已西副元帅》节下,看得出,它们写于同时期并出于同一人之手。杨休明赴伊西庭征兵未成反遭杀

身之祸,周鼎、宋衡二人无法再向伊西庭求援,故将目标转向安西四镇。因此,《新唐书》之"请求回鹘"疑为"请求四镇"之误。

休明遇害和鼎、衡求救四镇均当为大历年事。救兵"逾年不至",吐蕃进攻沙州、周鼎被杀当为大历二年(767年)之事。从大历二年(767年)到大历十二年(777年),首尾刚好十一年,与《侧记》所记沙州"兵尽矢穷,为贼所陷"的时间相契合。

我们再看《大历碑》的记载:

> 时节度观察处置使,开府仪同三司、御史大夫、蔡国公周公,道洽生知,才膺命世,清明内照,英华外敷,气迈风云,心悬日月;文物居持宪之重,武威当杖钺之雄;括囊九流,住持十信。爰因搜练之暇,以申礼敬之诚;揭竿操矛,阗戟以从,蓬头骈肋,傍车而趋,熊罴启行,鹓鸾陪乘,隐隐轸轸,荡谷摇川,而至于斯窟也。层轩九空,复道一带,前引箫唱,上干云霄。虽以身容身,投迹无地;而举足下足,登天有阶。目穷二仪,心出三界。有若僧政、沙门释灵悟法师,即谘议①之爱弟也,戒珠圆明,心境朗彻,学探万偈,辨折千人。出火宅于一乘,破空遣相;指化城于四座,虚往实归。于是引兄大宾、弟朝英、侄子良、子夜、子望、子羽等拜于阶下,法师及侄僧至融袂于堂上,曰:"主君恤人求瘼,勘难济时,并税且均,家财自给,是得旁开虚洞,横敞危楼,将以翼大化,将以福先烈,休庇一郡,光照六亲。况祖孙五枝,图素四刹,堂构免坠,诏厥无惭,非石何以表其贞,非文何以论其远?且登高能赋,古或无遗,遇物斯铭,今其遐弃?"纷然递进,来以求蒙。蔡公乃指精庐而谓愚曰:"操斧伐柯,取则不远;属词此事,固可当仁。"仰恭指归,俯就诚恳,敢扑略其狂简,庶仿佛于真宗。时大历十一年龙集景辰八月有十五日辛未建,妹夫乡贡明经摄敦煌州学博士阴庭诚。

这段碑文详细记述了周鼎游历莫高窟今编第148窟,接见窟主李大宾、灵悟法师及李氏幕僚、善男信女的情景。它能否说明周鼎于大历十一年(776年)还健在,

---

① 谘议,指李太宾,《大历碑》有云:"朝散大夫、郑王府谘议、陇西李太宾。"又,此李太宾即前文所及李大宾。

关键在于对碑文中两个"时"(加了着重号的)字的理解上。这里的前一个"时",是指周鼎游历之时;后一个"时",应该是指阴庭诚撰写碑文或立碑之时,如果认为此二"时"在同时期,那么似乎说明周鼎大历十一年(776年)还健在。然而,仔细推敲上下文,就会认为,此二"时"绝不会指同时:一、从行文上看,这里出现两个"时"字,后一个就是对前一个的否定;二、从原碑格式上看,后一个"时"是碑文最后一行的第一个字,显然,这两个"时"不能混为一谈。据此我们完全有理由认为,周鼎游历莫高窟与阴庭诚撰写铭文不在同一时期。《大历碑》立于第148窟建立若干年后,而周鼎出游在第148窟建成之初,碑文是阴庭诚的追忆。前一个"时"作"当时"讲,后一个"时"则为"此时"之意。一句话,《大历碑》不能证明周鼎于大历十一年(776年)还健在这一推论。

《册府元龟·帝王部》(卷一三九)记载建中三年(782年):

> 五月[丙申],诏曰:"故河西兼伊西庭节度观察使①、检校工部尚书、兼御史大夫、赠太子太保杨休明,故河西节度观察使、检校工部尚书、兼御史大夫周鼎,故西州刺史、兼御史中丞李秀(琇)璋,故瓜州刺史、兼御史中丞、知河西节度留后张铣,或寄崇方镇,或摄总留务,时属殷忧,并抗贞节,率励将吏,誓一其心,固守西陲,以俟朝命。羌戎乘间,骤逼城池。国家方有内虞,未遑外救,河陇之右,化为虏场。俾我忠良,殁身异域,弥历年纪,以逮于兹。旅柩方旋,诚深悯悼,故递加宠赠,俾极朝荣,式章茂烈,永贲幽垅。休明可赠司空(徒),鼎可赠太保,秀(琇)璋可赠户部尚书,铣可赠兵部侍郎。"②休明等自至德后陷没于吐蕃,至是其族各以其柩至,故加褒赠。休明男燀并将校追赠者十余人,仍官为殡葬。

史籍中没有记载杨、周、李、张四人死于何时,但据此诏书推测,他们的灵柩被送至长安,朝廷下诏褒赠、追悼时,已"殁身异域,弥历年纪,"就是说,到建中三年

----

①查唐代未见一人担任两镇之节度使兼观察使之例。笔者认为,杨休明应为"河西节度使、伊西北庭节度观察使",而当时河西观察使应是周鼎。

②《旧唐书·德宗纪》亦载此诏书,然文字甚简,内容删半,无法为证。

(782年)时,他们最少已死去十几年了。因此,他们死的时间当在大历元年(766年)至二年(767年)之间。

这里还需赘述几句,《新唐书》没有关于周鼎担任河西节度使的记载,只记为沙州刺史。而建中三年(782年)五月诏书和《侧记》等都记鼎为河西节度使。这就需要说明,从杨休明长泉遇害到周鼎为阎朝缢杀,前后只有一年左右的时间,周鼎是否真正出任河西节度使一职呢?这一点,我们可以从《侧记》所谓"(衡)遂有中丞、常侍之拜。恩命未达而吐蕃围城"之记做出这样的推论:杨休明死后,鼎、衡将此情呈奏朝廷,唐王朝遂任命周鼎继任节度使、观察使兼御史大夫。拜宋衡为中丞、常侍。因当时沙州以东之河西、陇右大片领土为吐蕃所占,通向长安的交通受阻,使者需绕道行进,颇费时日,所以朝廷诏命尚未到达,吐蕃已包围并进攻沙州,周鼎已被缢杀。大概周鼎一直到死,也未接到朝廷的新任命,所以《新唐书》记他固守敦煌时的实际职务为沙州刺史,而朝廷下诏书和朝臣颜真卿记事,则当以朝廷任命的最高职务为准。当然,吐蕃包围并进攻沙州的十余年间,人们还可以从事生产,兴建佛窟,朝廷给周鼎的新任命也在此期间传到敦煌,被记入《大历碑》。

周鼎死后,沙州汉唐军民在阎朝领导下,坚持抵抗吐蕃的进攻,从大历二年(767年)到大历十二(777年)年,经过先后长达十一年的抵抗,终因粮草枯竭、兵尽矢穷而以城降蕃。吐蕃贵族姑念甥舅之情,不畏初冬霜寒与河西路途的艰辛,而及时于十一月将宋衡送还长安。翌年三月,颜真卿撰写《侧记》录述此情,留下了珍贵的历史资料。

## 伊州的陷落

沙州的西面就是伊州。据《新唐书·忠义传》记载:

河、陇郡县皆陷吐蕃,惟河西戍将袁光廷为伊州刺史,固守历年,虽游说百绪,终不降,诸下同心无携畔(叛)者。及粮竭,手杀妻子,自焚死。建中初,赠工部尚书。

《资治通鉴》卷二二七建中二年(781年)六月条下又记:

北庭、安西自吐蕃陷河陇,隔绝不通。伊西北庭节度使李元忠、四镇留后郭昕帅将士闭境拒守,数遣使奉表,皆不达,声问绝者十余年;至是,遣使间道历诸胡自回纥中来,上嘉之……(七月)丙子,赠故伊州刺史袁光庭工部尚书。光庭天宝为伊州刺史,吐蕃陷河、陇,光庭坚守累年,吐蕃百方诱之,不下;粮竭兵尽,城且陷。光庭先杀妻子,然后自焚。郭昕使至,朝廷始知之,故赠官。

据此可知,伊州陷蕃之时当在建中二年(781年)六月之前。

《新唐书》讲得十分明确,伊州是在"河陇郡县皆陷吐蕃"、又"固守历年"后陷入吐蕃的。按照吐蕃军队由东向西进攻的战略,它的陷落应该在沙州陷落之后。所以,本文关于沙州于大历十二年(777年)陷蕃的结论是符合《新唐书》记载的。

## 简短的结论

764—766年,吐蕃军队以风卷残云之势,先后攻陷了唐朝的河西重镇凉州、甘州和肃州。大历元年(766年)五月,新任河西节度使兼伊西北庭节度观察使杨休明徙河西节镇至沙州,积极进行抗击吐蕃的战备组织工作,不幸的是,他在去伊西北庭巡视和征兵途中遭到暗杀。留守沙州的河西观察使周鼎与河西节度行军司马宋衡一方面将此事通告诸州郡并录奏朝廷,另一方面继续遣使西去四镇求索救兵。朝廷接到鼎、衡的报告,遂任命周鼎继任河西节度使,拜宋衡为中丞、常侍。第二年,救兵未至,朝廷诏命也未到达,吐蕃军队已包围并进攻沙州,周鼎欲焚城逃跑,为部下阎朝所缢杀。聚集在沙州的汉唐军民在阎朝的领导下坚持抗蕃达十一年之久,至大历十二年(777年),终因矢尽粮竭,为吐蕃所陷。

(原刊于《敦煌研究》1985年总第5期)

# 吐蕃统治敦煌初期的几个问题

　　777年,吐蕃贵族与聚集在沙州的汉唐军民经过十余年的激烈争夺,终于占领了敦煌。①本文依据敦煌遗书资料,对吐蕃统治敦煌初期几个历史事件的有关问题做一些探讨。

## 一

　　敦煌遗书P.2287、S.2674等写本是敦煌高僧昙旷所著《大乘廿二问本》的抄件,国外专家已做过许多研究,但其成书时间,始终没有得出一致的结论:日本学者上山大峻认为在781—787年②,山口瑞风认为在794年之后③;法国学者戴密微却认为是在781—782年④。当然,能否圆满地回答这个问题,敦煌陷蕃的年代是主要原因之一。

　　毫无疑问,从《大乘廿二问本》的序言看,昙旷的这部著作是奉呈向他提出这些问题的一位君主或国王。专家们肯定了这位君主是吐蕃赞普而不是唐朝皇帝。也就是说,赞普向昙旷提问及昙旷著书作答前后,都应在吐蕃占领敦煌以后。如果敦煌还属唐朝,那么这位在中原和河西生活了大半辈子的汉族高僧,是不会把吐蕃赞普称作自己的君主。

---

①详见拙作《沙州陷蕃年代再探》,载《敦煌研究》总第五期。又,敦煌遗书P.2021《索法律窟铭》载:"皇祖左金吾卫会州黄石府折冲都尉,讳奉珍。属天宝之末,逆胡内侵,吐蕃乘危敢犯边境。漩泊大历,日渐猖狂,积日相持,连营不散。公誓雄心而御捍,铁石之志不移。全孤垒于三危,解重围于百战。"据此可知唐蕃激烈争夺沙州敦煌当在大历年间(766—779年)。

②转引自[法]戴密微:《敦煌学近作》,载《敦煌译丛》第一辑,甘肃人民出版社,1985年。

③转引自[法]戴密微:《敦煌学近作》,载《敦煌译丛》第一辑,甘肃人民出版社,1985年。

④转引自[法]戴密微:《敦煌学近作》,载《敦煌译丛》第一辑,甘肃人民出版社,1985年。

这里转引戴密微先生评论上山大峻先生《昙旷与敦煌的佛教学》中的一段论述：

> 我不明白为什么吐蕃赞普不会从781—782年起就提出这类问题呢？即使像我认为的那样，吐蕃人在787年才正式统治敦煌，而同一位赞普正是在781年就请求唐朝派遣两名汉僧。……我认为，虽然敦煌在781年就受到了吐蕃的围困，但尚未被占领。吐蕃人占领了敦煌以南的南山地区；寿昌县位于敦煌以南三十多公里的地方，在780年左右落入了吐蕃之手。在这种戎马之乱中，赞普的使节到达敦煌也不是不可设想的，因为佛教徒也可能起过调解作用。但是，还有一点令人生疑的地方，昙旷在《二十二问》的前言中似乎是说这是致其君主的，这一问题至今尚远未获得解决。①

戴密微先生从他坚持的贞元三年（787年）敦煌陷蕃说②出发，认为781—782年昙旷把吐蕃赞普奉为君主这个问题无法解释，而且建中二年（781年）敦煌陷蕃说也不能较好地解释这个问题，如果戴密微先生关于赞普提问、昙旷《大乘廿二问本》成书并奉呈赞普的时间的论断是正确的，那么我们关于敦煌于大历十二年（777年）被吐蕃占领的推论就圆满地解决了这一被他称之为"令人生疑"的问题。

## 二

吐蕃占领敦煌初期，沙州玉关驿户氾国忠等人的起义，记录在敦煌写本 S.1438《书仪》残卷中，研究这一事件和这份卷子的文章先后问世。③这里，主要依据《书仪》本身。就氾国忠起义的年代谈一点与他人不同的看法。

---

① [法]戴密微：《敦煌学近作》，载《敦煌译丛》第一辑，甘肃人民出版社，1985年。

② [法]戴密微：《吐蕃僧诤记》，耿昇译，甘肃人民出版社，1984年，第210—228页、第489—490页。

③ [法]戴密微：《吐蕃统治敦煌时代一位汉族节度使的档案文书》，见《吐蕃僧诤记》；姜伯勤：《唐敦煌"书仪"写本中所见的沙州玉关驿户起义》，载《中华文史论丛》1981年第一辑；史苇湘：《吐蕃王朝管辖沙州前后》，载《敦煌研究》创刊号（总第三期）。

敦煌遗书 S.1438《书仪》部分

《书仪》记载，氾国忠起事时"拟逃瀚海"。"瀚海"指瀚海军，北庭都护府（伊西庭节度使）统辖，驻北庭（庭州），于790年3月被吐蕃攻破，氾国忠起事时欲逃奔瀚海，说明此时瀚海军尚未陷蕃，这就说明，氾国忠起义的时间不会晚于790年3月。

吐蕃贵族在统治敦煌初期，针对沙州汉唐军民的反抗，不断采取"歃血寻盟"的办法，如在占领八年中，就有三次歃盟。曾是汉族官吏的《书仪》的作者，也参与了反抗吐蕃的斗争，只是在这八年的最后一次反抗中被捕，后获释。他为了报答吐蕃贵族的不杀之恩，向赞普和宰相献上"舍利骨"，因而得到吐蕃贵族的赏识，被委以官职，"守官沙塞"①。又过了两年，他要求出家当和尚，他说："臣一介凡流，素非才略，自归皇化，向历十年，牧守流沙，才经两稔，未展涓埃之动，空思毛发之功。"他之

---

①S.1438第12—19行，原文是："自敦煌归化，向历八年，歃血寻盟，前后三度。频抬猜忌，屡发兵戈，岂敢唯天，终当致地。彷徨抵拒，陷在重围，进退无由，甘从万死。优赖宰相守信，使无涂炭之忧；大国好生，庶免累囚之苦。伏惟圣神赞普，雷泽远施，日月高悬，宽远命之诛，舍不庭之罪。臣厶诚欢诚喜，顿首顿首，死罪死罪。其舍利骨，先附僧狮子吼等三人进，伏乞大赦所获之邑，冀以永年之优，广度僧尼，用益无疆之福，庶得上契佛意，下协人心，特望天恩，允臣所请。臣厶限以守官沙塞，不获称庆阙庭，无任喜庆，为国祈福之至。谨附表陈贺以闻。臣厶诚欢诚惧，顿首顿首，死罪死罪。谨言。"

所以要出家,除了他自己陈述的年老体弱、孤苦伶仃、无力为赞普尽职尽责等理由①外,还有一条重要的原因,就是他在任职的两年中,亲眼看到了氾国忠等人起义的壮举和被残酷镇压的结局。他说:"唯此沙州,屡犯王化,干戈才弭,人更少宁。列职分官,务存抚养,未经两稔,咸荷再苏,氾国忠等,去年拟逃瀚海(下略)。"我们从以上的叙述中可以明显看出,氾国忠的起义发生在"自归皇化,向历十年"的前一年,即S.1438《书仪》的作者在"自敦煌归化,向历八年"后"牧守流沙,才经两稔"的"去年"。

敦煌在777年为吐蕃占领,"向历八年"就是785年,再"经两稔"是787年,前推一年为786年,即唐德宗贞元二年(786年)。沙州玉关驿户氾国忠的起义,就是发生在786年的事。

## 三

786年,只有六七个人参加的氾国忠起义,却使驻守沙州的吐蕃节儿、蕃使"纵火烧舍,伏剑自裁,投身火中,化为灰烬,"沉重地打击了吐蕃的统治。为此,吐蕃向沙州委派了一位新节儿。《书仪》第78、79行云:"已蒙留后使差新节儿到沙州,百姓俱安,各执农务。"据此可知,当787年孟秋《书仪》的作者在行文追述去年氾国忠起事被镇压的过程时,这位新节儿已经在沙州施行了卓有成效的管理。又伦敦印度事务部图书馆Fr80号吐蕃文书述及:"赞普占有沙州城堡及汉人臣民""(汉人臣民)为争主权而对抗,杀死优秀的蕃人臣民""嗣后,当我能够以极大努力使城市恢复,城市按功劳对我……派我任节儿。十年……没有内部抗争与不和。"②这里反映的情况与上述《书仪》的有关记载是一致的。但是这位新节儿刚到敦煌时似乎只是代行节儿职权,后来才被正式任命。

①S.1438第25—26行:"一身单独,举目无依,今请舍官出家。"28—29行:"臣才行无取,叨窃微班,孤单一身,年逾六十,老不加智,耄则及之,政之良能,实惭尸禄。冒死上表,自愿出家。"40—42行:"臣今五十有七,鹤发已垂,令丁一身,鹰序不继,弥惭重禄,尚荷崇班。处官位乃智策无能,效驱驰则以能力不逮。伏望矜臣老朽,许臣披缁。"
②转引自姜伯勤《唐敦煌"书仪"写本中所见的沙州玉关驿户起义》,载《中华文史论丛》1981年第一辑。

这位新节儿到沙州后,采取了许多加强和巩固吐蕃统治的措施。如在基层政权建设方面,把敦煌的十三乡划分为十个部落。《书仪》第119行以下"近知部落,每着公动"云云,说明本卷写于分部落之时。P.3774号写本《丑年十二月僧龙藏牒》中述及"分部落午年",应该是这位新节儿执掌敦煌的庚午年(790年)①。

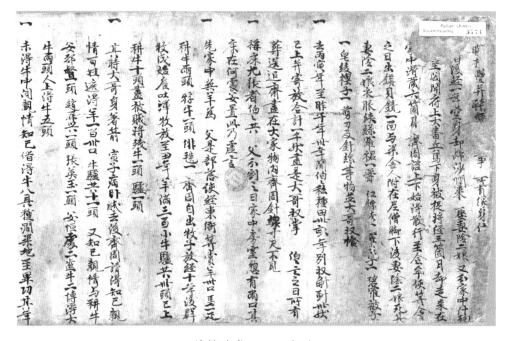

敦煌遗书 P.3774 部分

总的来说,这位新节儿在吐蕃对敦煌实行有效的统治方面是一位成绩卓著的官员。甚至可以说在整个敦煌的历史上是一位颇有建树的人物。那么,他是谁呢?笔者拟据敦煌遗书记载提供一点线索:

国内外一些专家学者认为,从788年3月开始,吐蕃已对敦煌实行了有效的控制。这是因为经过蕃占初期的十年(777—787年)动荡,新节儿到任后一系列治理措施的实施。我们前面的分析也印证了这一问题。又敦煌遗书S.5812《令狐大娘

---

①P.3774《丑年(821)十二月沙州僧龙藏牒》载:"'父是部落使,''齐周(龙藏)身充将头……从分部落午年(790年)至昨亥年(819年)计卅年'。"

牒》在叙述其与邻居张鸾关于房舍的纠纷时,起首即称"论悉诺息来日"如何如何。
这位论悉诺息与S.2729《勘牌子历》那位"算使论悉诺罗接谟"为同一人。他于788
年就在敦煌,二十多年后百姓在打官司时还以他说的话为准绳,说明他在敦煌很有
影响,在百姓心目中有一定的地位。因此,我们推测,这位论悉诺罗接谟算使很有
可能就是那位新节儿。但前人将788年开始的敦煌稳定的主要书面依据是S.2729
《勘牌子历》之"辰年"为788年,①似有明显之误。在这里,至少有两条证据可以说
明S.2729非788年作品。一是S.2729背面《太史杂占历》有庚辰年五月廿三日题
记,饶先生在文中也记录了这则题记(第5页)并刊布了写本图片。吐蕃治理敦煌
期间只有一个庚辰年,即800年。吐蕃统治敦煌前期使用干支纪年,后来的纪年则
只有地支而不用天干。正面的辰年不可能早于背面的庚辰年,最少应该是同一年。
虽然有些敦煌文书正背两面的书写年代有一定的差距,但同一年书写的情况更常
见。二是专家们早已研究确认:吐蕃在敦煌分部落之年为790年,P.3774《龙藏牒》
(丑年821)"分部落午年"至昨亥年(819)计20年,上推20年之午年即890年,②所
以,S.2729非788年成书,并不影响这一年论息诺罗执掌敦煌和吐蕃在敦煌的统治
得到稳定,也不影响米净曓在800年因僧尼部落事上书论息诺罗。

## 四

这里附带谈一下S.5812丑年八月女妇《令狐大娘牒》有关时间的两个问题。一
是该书的写作时间。牒文一开始写道:

> 论悉诺息来日,百姓论宅舍不定,遂留方印,已后见住为主,不许再论
> 者。又论莽罗新得方印来,于亭子处分百姓田园舍宅,依旧依(亦)不许侵
> 夺论理。

---

①饶宗颐:《论敦煌陷于吐蕃之年代——依〈顿悟大乘正理诀〉考证》,《东方学报》1970年第1期。
②见拙作《敦煌遗书研究误区检讨》,《敦煌研究》2014年第3期。

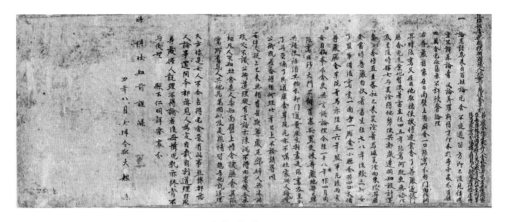

敦煌遗书 S.5812

牒文在叙述了与邻居张鸾关于宅舍纠纷的历史后说：

> 此人搅扰公衙。既舍合得，缘合(何)经廿年已上不论，请寻问。右件
> 人(张鸾)从上以来，无赖有名。

根据前面的分析可知，论悉诺息到敦煌的时间应在786年秋到788年3月之间。后推二十多年的丑年，为809年己丑，即牒文写作之年。

二是牒文关于"番和(即吐蕃占领敦煌)以来"的时间。令狐氏的"尊严翁"在吐蕃占领敦煌之前的四五年中，就与张鸾之"阿耶"因宅舍问题有过矛盾：

> 右尊严翁家在日，南壁上有厨舍一口，张鸾分内门向北开。其时张鸾
> 父在日，他取稳便，换将造堂舍了，尊严遂收门庑舍，充造堂地，替便著畜
> 生。经四五年，张鸾阿耶更无论理。及至后时，嫁女与吴诠，得他势便共
> 郭岁达相知设计还夺庑舍。

这一矛盾历经两个朝代，直到吐蕃占领敦煌几十年后，还未得到解决：

> 直至番和以来，吴诠着马；后吴诠向东后，其庑舍当时尊严自收，着畜
> 生；经七八年后，致三部落了监军借张鸾堂一、南房一、厨舍一、小庑舍共
> 四口，又借尊严庑舍草院着马；亦经五六年，监军死后，两家各自收本分
> 舍，更无言语论理；今经一十八年，昨四月内，张鸾因移大门，不向旧处，更
> 侵尊严世。

　　这里说明,从"番和"到令狐氏呈文诉讼的"丑年八月",前后共计约三十二年(先七八年,又五六年,又一十八年。吴诠向东后及监军死后总累计约数)。从809年上推三十二年,为777年,即"番和"之年。

　　　　　　　　　　　　(原刊于《敦煌研究》1987年第1期,有改动)

# 吐蕃占领敦煌前后沙州史事系年

## 序　言

8、9世纪,唐朝属郡敦煌曾一度为吐蕃管辖。关于敦煌陷蕃的年代问题,从唐代开始就有分歧:颜真卿大历十三年(778年)五月《唐故太尉广平文贞公宋公(璟)神道碑侧记》记为大历十二年(777年),李吉甫元和十五年(820年)《元和郡县图志》记为建中二年(781年),近世又出现贞元三年(787年)的研究结论。笔者以为,大历十二年说较为切合实际。

765年闰十月,杨休明出任河西节度使,受任后即赴河西,从甘州一路西行,途中处理了许多重大军政事务,766年5月到达沙州敦煌并以此为节镇;782年5月的唐德宗诏书中称休明等已"殁身异域,弥历年纪",这说明休明可能在766年5月后不久即已死去,而敦煌遗书P.2942正是休明节度河西之政绩及其遇害的记录。

休明死后,驻镇敦煌的河西观察使周鼎与河西节度行军司马宋衡将此情奏报唐廷,同时檄讨凶手,安抚兵民并遣使求搬救兵。一年后,救兵未至,吐蕃大兵压境,周鼎欲焚城逃遁,为部下阎朝所杀,时当767年。之后,唐廷关于周鼎继任河西节度使等诏命到达敦煌,被记入有关文献。阎朝率沙州兵民抗击吐蕃进攻十年之久,终因弹尽粮绝而陷,吐蕃当即遣使护送宋衡归长安,时当777年11月。

779年,唐德宗继位,遣韦伦送五百余蕃俘至吐蕃,赞普大受感动,向唐入贡,唐蕃战事遂缓。782年4月,吐蕃从沙州遣送唐俘八百人并休明、周鼎等人灵柩至长安,以报唐归蕃俘之德。

吐蕃占领敦煌初期,多次发兵围剿不服统治的汉唐民众,并结合以"歃血寻盟"之手段维护其统治,前八年(777—785年)中就曾三度"寻盟"。第九年(786年)秋,又发生了玉关驿户范国忠等七人的反抗暴动,吐蕃的沙州节儿及一些蕃官、贵族被逼杀,反抗被镇压后,吐蕃向沙州委派了一位新节儿,他对敦煌进行了卓有成效的治理,使敦煌汉唐民众完全归服。

基于以上史实,笔者以为,敦煌陷蕃年代问题还有待进一步研究和探讨。

现就史籍及敦煌文献中有关敦煌陷蕃年代问题的各类记述进行识读和系统梳理。在分析和鉴别之基础上,整理出这份"吐蕃占领敦煌前后沙州史事系年",以求教于学界前辈及同仁。

# 正　文

**广德元年(763年)**

十月,吐蕃退出占据十余日的唐都长安后大举进攻陇右、河西。此事各种史籍记载较多,兹不赘述。

**广德二年(764年)**

十月,吐蕃攻陷凉州。

《鉴》广德二年十月条下记河西节度使杨志烈发兵与唐叛将仆固怀恩灵州之战失败云:"未几,吐蕃围凉州,士卒不为用,志烈奔甘州;《旧·吐蕃传》载:"广德二年,河西节度使杨志烈被围,守数年,以孤城无援,乃跳身西投甘州,凉州又陷于寇;《志》凉州条下记:"广德二年陷于西蕃。"

**永泰元年(765年)**

十月,沙陀杀杨志烈。

《新·代宗纪》永泰元年十月下记:"沙陀杀杨志烈。"

闰十月,郭子仪朝廷奏河西事情。

《鉴》永泰元年下记:"闰十月乙巳,郭子仪入朝。子仪……河西节度使杨志烈即死,请遣使巡抚河西及置凉、甘、肃、瓜、沙等州长史。"

朝廷任命杨休明为河西、伊西庭两道节度使,检校工部尚书,河以西副元帅。

《全》《诏》《册》载:"河西兼伊西庭节度观察使、检校工部尚书兼御史大夫,赠太子太保杨休明;《颂》云:"有诏诏公入朝,列郡居守。独(中缺)日,除伊西庭节度等使。"《集》中有关于杨休明为"河以西副元帅"的记述。

周鼎为河西节度副使、观察使、沙州刺史。

《碑》云:"节度观察处置使、开府仪同三司、蔡国公周公";《题》记:"节度副使、开府仪同三司、太……"《集》有鼎自谦"谬司观察";《新·吐蕃传》述:"沙州刺史周鼎。"

宋衡为河西行军节度司马。

《侧》云:"衡因谪居沙州,参佐幕戎。河陇失守,介于吐蕃,以功累拜工部郎中兼□□御史、河西节度行军司马。"《集》有衡自谦"忝迹行军"之称。

休明等受任后即赴河西,途中先后在甘、肃等州及建康等军处理军政事务并继续西行。

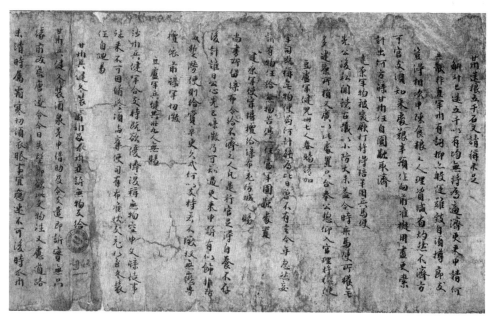

敦煌遗书 P.2942 部分

《集》中存大量有关甘、肃二州及建康军事务的判处文书,如《甘州兵健冬装》《甘州兵健月粮》《甘州欠年友粮及少冬装》《甘州地税勾征》《甘州镇守毕温、杨珍、魏邈等权知事州》《肃州请闭粜》《肃州刺使王崇正错用张怀伪官衔》《建康军物被突厥打》《建康军使宁喜擅给媟布》《建康军请肃州多乐宅》等。

**永泰二年，十一月改大历元年（766年）**

年初，休明等过瓜州，处理军政事务。

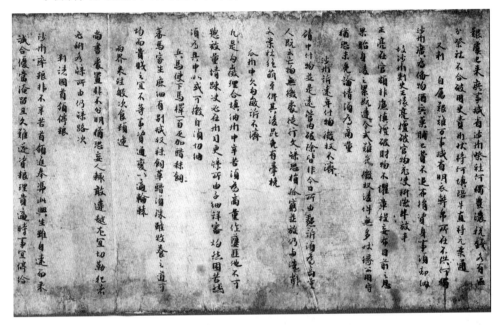

敦煌遗书 P.2942 部分

《集》中有《瓜州申欠勾征》《（瓜州）李都督惠甘、肃斛斗一千石》《瓜州屯田请取禾》《瓜州别驾杨颜犯罪，出斛斗三百石赎罪》《瓜州尚长史采矿砖置作》等判处文书。

休明等经过玉门军。

《集》中有《玉门过尚书亡破斛斗》判处文书。

五月，休明等至沙州，以沙州为河西节镇。

《鉴》二二四大历元年条下记："夏五月，河节度使杨休徙镇沙州。"

升沙州下都督府为大都督府。

《会》卷七〇《州县分望道、陇右道新升都督府》载："沙州，永泰二年五月升。"

休明自任沙州都督。

敦煌唐碑《颂》谓其碑主"大唐都督杨公"曾"除伊西庭节度等使"，即休明。

休明等在沙州处理各类军政事务。

《集》中有《豆卢军(按,军驻沙州境)请西巡远探健儿全石粮》《豆卢军兵健共卅九人无赐》《沙州地税耆寿诉称不济,军州请加税四升》《沙州祭社广破用》《故沙州刺使王怀亮擅破官物》《沙州诉远年什物征收不济》《贷便沙州斛斗频济不纳》《子亭(按,镇名,属沙州)申作田苗收称虫损不成欠禾》等判处文书。另如《两界往来般次食顿递》《判诸国首领停粮》《关东兵马使请加米》诸事务抑在沙州判处。

吐蕃攻陷甘州。

《志》载:"甘州……永泰二年陷于西蕃。"

秋冬之际,杨休明留周鼎、宋衡二人驻守沙州,自率随从军将、士卒、亲属西赴伊、西、庭巡视并征兵,途中被伊西庭留后周逸假手突厥杀害于西、庭间驿站长泉。随从军将返沙州向鼎、衡陈述其情,鼎、衡随即奏报朝廷,檄讨周逸,追颂休明,安抚部属,并遣使往四镇求援。

《集》之《伊西庭留后周逸构突厥煞使主兼矫诏河已西副元碑》《差郑支使往四镇索救援河西兵马一万人》二件记:"元帅一昨亲巡,本期两道征点,岂谓中途遇害""副帅(按,此副自及上文之元帅均指休明)巡内征兵,行至长泉遇害,军将亲睹事迹,近到沙州具陈。""尚书忠义,僚属钦崇""周逸非道,远近尽知""某某谬司观察,忝迹行军,欲宽泉下之鱼,有惭弦上之矢,公道无隐,敢此直书。"

吐蕃攻陷肃州。

《志》载:"肃州……大历元年陷于西蕃。"

**大历二年(767年)**

年初,李大宾建成敦煌莫高窟今第148窟,周鼎亲诣其窟巡礼。

《碑》述:"周公……爰因搜练之暇,以申礼敬之诚,揭竿操矛,阗輷以从,蓬头胼肋,傍车而驱,麏罴启行,鹓鸾陪乘,隐隐轸轸,荡谷摇川,而至于斯窟也。"

吐蕃攻陷瓜州。

按《志》载瓜州陷蕃在大历十一年(776年),似欠妥:以当时吐蕃在河西风卷残云之攻势,不可能在占据甘、肃二州十余年后才去进攻瓜州,而瓜州方面当时也不具备抵抗吐蕃进攻十年之久的防御力量。据此,瓜州陷蕃时当以此年为是。

秋冬之际,周鼎所求四镇援兵未至,吐蕃大兵压境,鼎欲焚城逃遁,为部下阎朝所杀。朝自领州事,率沙州兵民抗蕃。

《新·吐蕃传》述:"始,沙州刺史周鼎为唐固守。赞普徙帐南山,使尚绮心儿攻之。鼎请救回鹘(按,拟为四镇之误),逾年不至,议焚城郭,引众东奔,皆以为不可。鼎遣都知兵马使阎朝领壮士行视水草,晨入谒辞行,与鼎亲吏周沙奴共射,彀弓搄矢,射沙奴即死,执鼎而缢杀之,自领州事。"

李大宾在其"家窟"内题识纪念周鼎。

莫高窟第148窟内北龛下残存题记墨有:"有故……节度副使、开府仪同三司、太……"等。

### 大历三年(768年)至十二年(777年)

吐蕃围攻沙州。

《铭》述:"属天宝之末,逆胡内侵,吐蕃乘危,敢犯边境,旋洎大历,以渐猖狂,积日相持,连营不散。"《记》以大历三年为莫高窟四百年历史前后两段之分界,其因当于此。

唐廷关于周鼎继任河西节度使、拜宋衡为中丞、常侍之诏命到达沙州。

大历十一年(776年)八月李大宾立《碑》记周鼎之职衔为"河西节度观察处置使";《侧》云:"(宋衡)遂有中丞、常侍之拜,恩命未达而吐蕃围城。"

沙州汉唐军民在阎朝领导下抗击吐蕃进攻十一年之久。

《新·吐蕃传》:"城守者八年,……又二岁。"《侧》:"(宋衡)保守敦煌仅十余岁。"

### 大历十二年(777年)

吐蕃攻陷沙州敦煌。

《新·吐蕃传》:"粮械尽竭,登城而呼曰:'苟毋徙他境,请以城降。'绮心儿许诺,于是出降。自攻城至是凡十一年。"《侧》:"兵尽矢穷,为贼所陷。"

十一月,吐蕃送宋衡归长安。

《侧》述"吐蕃素闻太尉(按,即宋衡之父宋璟)名德,曰:'唐天子,我之舅也;衡之父,旧贤相也,落魄于此,岂可留乎?'遂赠以驼马送还,大历十二年十一月以二百骑尽室护归。"

### 大历十四年(779年)至建中元年(780年)

唐朝遣送蕃人及蕃俘归吐蕃,吐蕃暂停对唐疆土之攻占,双方使臣来往频繁,战事遂缓。

有关这段史实,以及后来几年中唐蕃"通好""会盟"事,详见两《唐书》《通鉴》《册府元龟》等史籍之记载。

### 建中二年(781年)前后

吐蕃赞普邀敦煌高僧昙旷进蕃传教,旷以年老卧病谢词,并书面回答赞普所提二十二个佛教问题。

详见《问》及其前言所叙。按敦煌遗书中又有昙旷于辛酉年(781年)十二月所讲授之《百法手记》记录手稿(S.1313、P.2311等),其中提到"三菩提涅槃义广二十二问中具",知《问》与此为同时期作品。

### 建中三年(782年)

四月,吐蕃从沙州遣送原俘获唐朝将士、僧尼八百人回长安。

《会》九七吐蕃条记建中四年"夏四月,吐蕃将先没蕃将士、僧尼至自沙州,凡八百人,报元年之德"。《旧》《新》《鉴》均记此事之时为建中三年(782年)四月,《会》有误。

五月,因吐蕃先送杨休明、周鼎等灵柩至长安,唐德宗下诏追悼并褒赠。

《诏》《全》《册》所载建中三年(782年)五月丙申诏曰:"故河西兼伊西庭节度观察使、检校工部侍书兼御史大夫、赠太子太保杨休明,故河西节度观察使、检校工部尚书兼御史大夫周鼎,……或寄崇方镇,或摄总留务,时属殷忧,并抗贞节,率励将吏,誓其一心,固守西睡,以俟朝命。羌戎乘间,骤逼城池,国家方有内虞,未遑未救,河陇之右,化为虏场。俾我忠良,残身异域,弥历年纪,以逮于兹。旅柩方旋,诚深悯悼,故递加褒赠,俾极朝容。永赉幽陇。休明可赠司徒,鼎可赠太保。"《册》第三部又述:"休明等自至德后陷没于吐蕃,至是其族各以其柩至,故加褒赠。"《旧·德宗纪》有云:"至是西蕃通和,方得归葬也。"由此可知,休明等灵柩由吐蕃与八百唐僧尼将士一同于建中三年(782年)四月由沙州送至长安。

**贞元元年(785年)**

吐蕃统治者再次发兵围剿被猜忌为不服统治的沙州民众。

此事详见一位唐破落官的记述——《仪》,先云:"自敦煌归化,向历八年,歃血寻盟,前后三度,频遭猜忌,屡发兵戈,岂敢唯天,终当致地。"而后是这位破落官自己在这次围剿中被俘、被释放和起用、向吐蕃赞普和宰相"谢恩"及献上"佛舍利骨"的陈述。从中得知,吐蕃在占有敦煌的最初八年中,以发兵围剿与"盟誓"相结合的手段诱逼沙州民众就范,这次围剿后又起用唐破落官为其卖命。这里也反映出沙州民众的不屈不挠与吐蕃统治策略的变幻。

**贞元二年(786年)**

沙州玉关驿户张清等暴动,反抗吐蕃统治,被镇压。

《仪》云:"玉关驿户张清等,从东煞人,聚众逃走,劫马取甲,来赴沙州,千里奔腾三宿而至,东道烽铺,烟尘莫知;夜越重域,□损官寺,丁壮适野,老幼在家,蕃官愣防,不虞祸至,人吏散乱,难于力争;稍催天明,招诱擒捕,具申牙帐,冀表忠贞,披豁未从,空劳寐寤。"

八月,沙州玉关驿户氾国忠等七人反抗暴动,逼杀吐蕃节儿及蕃官,七人被俘后被枷送瓜州,暴动遂平。

《仪》云:"自归皇化,向历十年;牧守流沙,才经两稔""唯此沙州,屡犯王化,干戈才弭,人吏少宁;列职分官,务□抚养,未经两稔,咸荷再苏。氾国忠等,去年拟逃瀚海,远申相府,罚配酒泉;岂期千里为谋,重城夜越,有同天落,戕杀蕃官,伪立驿户邢兴,扬言拓跋王子,迫协人庶,张皇兵威;夜色不分,深浅莫测,卒人慌怕,各自潜藏;为国德在城,恐被伤害,某走报回避,共同死生。及至天明,某出招集所由,分头下堡,收令不散,誓救诸官;此至衙门,已投烈火;遂即旋踵,设伏擒奸,其贼七人,不漏天网,并对大德摩诃衍推问;具申衙帐,并报瓜州,昨索贼钉枷差官锢送讫。"据上述,氾国忠等七人之反抗暴动的时间,为吐蕃占有敦煌十年或委用唐某破落官两年之前一年,即蕃占敦煌九年之际,当为786年。《仪》之另一件《沙州状》更详细具体地记述了氾国忠等暴动及其被俘、受审的全过程,引文此处从略。又《书》称:"赞普领有的沙州城堡及臣民发生对政权之反抗,杀害吐蕃贵族,任职七年的都督节儿也死于沙州(暴动中)。"同《仪》所记当为一事。

### 贞元三年(787年)

吐蕃委派之新节儿到任,对敦煌施行卓有成效的治理措施。

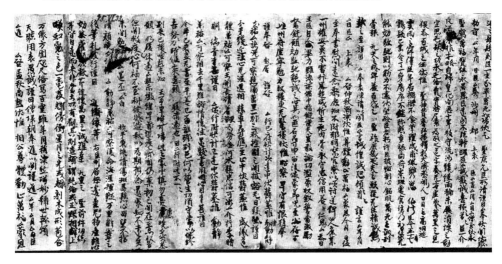

敦煌遗书 S.1438 部分

前引《仪》中氾国忠暴动事件文书后记:"已蒙留后差新节儿到沙州,百姓具安,各就丰务。"《书》云:"(氾国忠)暴动平息后,我出任节儿,十年中未发生过内部抗争与不和。"

### 贞元六年(790年)

新节儿将原敦煌十三乡依吐蕃制划分为十个部落。

《牒》"分部落午年"至昨亥年(819年)计20年,上推20年之午年即890年。

### 贞元十六年(800年)

三月,僧尼部落米净誓牒计沙州诸寺牌子僧尼。

《历》即《造牌子历》(僧尼名册),署《辰年三月僧尼部落米净誓牒》。卷背为庚辰年(800年)杂文书。

引用资料略语

1.《旧》=《旧唐书》

2.《新》=《新唐书》

3.《鉴》=《资治通鉴》

4.《全》=《全唐文》

5.《册》=《册府元龟》

6.《会》=《唐会要》

7.《诏》=《唐大诏令集》

8.《志》=《元和郡县图志》

9.《侧》=唐大历十三年三月颜真卿撰《唐故太尉广平文贞公宋公神道碑侧记》,文载《文苑英华》及《金石萃编》

10.《颂》=《大唐都督杨公记德颂》残碑,碑存敦煌市博物馆

11.《碑》=《大唐陇西李府君修功德碑记》,唐大历十一年八月立,碑存敦煌莫高窟148窟。

12.《题》=敦煌莫高窟148窟北龛下墨书题记残文,见《敦煌莫高窟供养人题记》

13.《集》=《河西节度使公文集》(拟名),敦煌遗书P.2942

14.《问》=《大乘廿二问本》,敦煌遗书S.2674、P.2287等

15.《仪》=《书仪》,敦煌遗书S.1438

16.《书》=《论赞息上宰相书》,敦煌藏文文书FR.80

17.《历》=《造牌子历僧尼名册》,即《僧尼部落米净誓牒》,敦煌遗书S.2729

18.《牒》=《丑年(821年)龙藏牒》,敦煌遗书P.3774

19.《记》=《莫高窟记》,敦煌莫高窟156窟墨迹及敦煌遗书P.3720

20.《铭》=《沙州释门索法律窟铭》,敦煌遗书S.530、P.4640等

主要参考文献

1.[法]戴密微:《吐蕃僧诤记》,耿昇译,甘肃人民出版社,1984年。

2.饶宗颐:《论敦煌陷于吐蕃之年代——依〈顿悟大乘正理决〉考证》,《东方学报》1970年第1期。

3.姜伯勤:《唐敦煌"书仪"写本中所见的沙州玉关驿户起义》,载《中华文史论丛》1981年第1期。

4.陈国灿:《唐朝吐蕃陷落沙州城的时间问题》,载《敦煌学辑刊》1985年第1期。

5.拙作《敦煌陷蕃年代再探》,载《敦煌研究》1985年总第5期;《关于P.2942写卷的几个问题》,载《西北师院学报》1984年增刊《敦煌学研究》;《吐蕃统治敦煌初期的几个问题》,载《敦煌研究》1987年第1期。

（原刊于《敦煌学》第19辑,中国文化大学中国文学研究所,1992年）

# 吐蕃名臣尚绮心儿事迹补述
## ——以敦煌本羽77号为中心

尚绮心儿(又作尚起心儿、尚绮律心儿、尚乞心儿、尚绮心儿等)是活跃于8—9世纪的吐蕃历史上的名臣名将,官居"尚书令公、兼统六军甲兵霸国都元帅(或曰天下兵马都元帅),赐大瑟瑟告身",率兵东征西讨,先后攻占了唐朝的河陇大片疆域,同时也为汉藏民族团结进步作出了卓越贡献。两《唐书》《资治通鉴》《册府元龟》等史籍,以及敦煌出土的汉藏文文献都对他一生的事迹有零星的记载。早在60年前,法国著名汉学家戴密微先生完成其名著《吐蕃僧净记》,就根据这些文献的记载对尚绮心儿的事迹作过描述,特别是根据 P.2765V《尚绮心儿圣光寺功德颂》的记载,对尚绮心儿的先祖及尚绮心儿在敦煌的事迹作过详细研究。[①]1993年,邵文实发表《尚乞心儿事迹考》,分"生平"与"事迹"两部分,较全面、系统地梳理了史籍及敦煌文献中有关尚绮心儿的资料,对尚绮心儿在敦煌的各项活动、离开敦煌的时间等提出了自己的看法,并对其卒年作了推测。之后,杨铭先生也有关于尚绮心儿的专论。[②]

2009年10月,日本出版了《敦煌秘笈》图录第1册,[③]刊布了杏雨书屋所藏原李盛铎售出的敦煌写本及印品,引起了敦煌学界的高度重视,已有专家对其中相关文书进行了考证和研究。笔者于2010年8月得到了此书的电子扫描图录本。现就其

---

①Paul Demiéuville Une controverse sur le quiétisme cntre boudhistes de L1 nde et de La Chine au Ⅷ esiécledel'erechrétien-ne, Paris 1952;戴密微著,耿昇译:《吐蕃僧净记》,甘肃人民出版社,1984年,第383—401页。

②绍文实:《尚乞心儿事迹考》,《敦煌学辑刊》1993年第2期;杨铭:《吐蕃宰相尚绮心儿事迹》,载氏著《吐蕃统治敦煌与吐蕃文书研究》,中国藏学出版社,2008年,第95—106页。

③武田科学振兴财团、杏雨书屋编:《敦煌秘笈》影片册一,(日本)武田科学振兴财团,2009年。

中羽077号①之《本阐晡(钵阐布)为宰相就灵龛祈愿文》(拟)和《某判官为国相尚纥心儿祈愿文》(拟)的相关描写,对尚纥心儿的事迹作些补充说明,并求教于大方之家。

## 一、文书录文

《本阐晡(钵阐布)为宰相就灵龛祈愿文》(拟)残文如下(录文中做简单校勘,明显的错别字以"( )"注明,缺字以"□"代替,漏字以"[ ]"作补,原卷删除者在"【 】"照录):

(前缺)

1.……刹,分形于无边之域,寂照于不二之□。

2.……体同于水月,故得有[□]必遂,无愿不至哉!牟

3.……面豁灵龛,官史(吏)隐振而汤(荡)谷遥(摇)川,军

4.……则有进(晋)昌幕本阐晡奉为当今宰

5.……贵位,天生灵骨,地禀精奇,怀乾坤之量,秉

①《敦煌秘笈》中,将羽77正面定名为《吐蕃时代某僧追悼文稿》;背面4件残片分别定名为《某追悼文稿残片》(背面第1—3件)和《不明佛教关系文书》(第4件)。仔细看来,羽77号写本正面一共有6件文书,其中第1件仅存末尾"名位日新"数字,从行文看,也是一份祈愿文类的文献;第2件即《本阐晡(钵阐布)为宰相就灵龛祈福文》(拟)残卷;第3件即《某判官为国相尚纥心儿祈福文》(拟);第4件为《赞普启愿文》(拟)残文;第5件和第6件为两份亡僧追悼文残卷。其中第6件中间有分五行倒写的"渠人"五处,可见该追悼文使用了原渠人社文书的纸张并利用了其空白之处。而背面是零星的写本残片,因为看不到原件,所以无法断定是直接写在上面还是后来粘贴在上面的,但从内容上看,《敦煌秘笈》拟名基本可信。问题主要存在于正面诸文献的定名。羽77号正面加上背面一共有5件亡僧追悼文稿残文,可能就是《敦煌秘笈》定名之根据吧。但是本文所录以上3件文书,是羽77号的主要内容,不仅篇幅较长,而且内容也相对比较完整。所以,对于整个羽77号写本的定名,应该按照写本内容次序逐一分别拟就。如按《敦煌秘笈》所拟之正面《吐蕃时代某僧追悼文稿》,仅适用于第5、6两件;第1件应为"祈愿文残卷",第2、3、4件分别应为《本阐晡(钵阐布)为宰相就灵龛祈福文》(拟)残卷、《某判官为国相尚纥心儿祈福文》(拟)和《赞普启愿文》(拟)残卷。

敦煌遗书羽97部分

6.……塞,座筹谋而决胜,敛衽(猃狁)来投;振德星于四隅(隅),八方

7.……获千代之基而津济,百僚(僚)政王侯之盛业。所以冀

8.……仰凭佛力。昔者灵山圣迹,以类愿崇修而古合;金

9.……以如刀(忉)利之宫;金色再豁,咸若百千之日。复乃安僧施

10.……缯彩、燃灯、印佛、设斋、度僧、造蕃(幡),大建葺修,功以被(毕?)矣。时则

11.……会,建恭佛日。伏惟公位列崇班,品居雄职,仁慈天授,忠略神

12.资,佐明主以守边,仰精节而净疆境。故使誉传四海,威侠(挟)三军,征旗不张,

13.寇盗潜迹。由是退公务,启福门,正宝马以西垂,就灵龛而祈福

祐。【善甲之解,意想慈云,寓兵之余,心忻法雨。】亦乃习君臣

14.之胜道,表忠效之良谋。所以抽奉禄而助建崇修,咸(减)家储而祈福祐;大披甘露

15.广布其乘,召法众于二州,种津梁于万劫。所奠(冀)宰相神位,保安台辅,群官镇

16.居社稷;节度家室,大小咸康;五稼丰登,仓廪殷实。考斯多愿,建此砝(法)薰。

17.奉福庄严恃中:唯愿寿齐东海,福比南山,镇座台阶,恒匡社稷。又庄严节

18.度:诸佛冥资,百神潜护。财名胜福,随四序而逾增;宠位斑(班)荣,毕千龄

19.而永固。长作释门之信仕,进取菩萨;终为圣[主]之忠臣,□赞王化。郎君等:持六艺

20.于龙门,继公侯之不绝。诸官等:百福备体,千灾永除,荣位日增,所愿□□。

21.然后上穷右□,善及无(原文止于此)

《某判官为国相尚纥心儿祈愿文》(拟)全文如下:

1.惠严闻:我大师妙方难思,神威罕侧(测)。趣包生灭,理会有无。然以觉体□

2.[禅],遍三千而显相;法身分号,冠百亿以摽尊。故得四王赞翼而钦□,

3.八部冥归而阴化。求之必应愿也,咸亨至哉,玄门曷可谈矣。厥今崇妙业、

4.建良因,龙象篷(造)筵、鸳鸾烈(列)席者,其谁为之? 则有我

5.国相某公。伏惟我国相尚乞心儿,名山讬孕,神岳降临,天假雄才,宿资持

敦煌遗书羽97部分

6.秀。幼而有异,居然怀鉴物之心;长而不群,邈矣负凌霜之节。所以依

7.垂仙台,德重台座。屡陈忠略,四海由是肃清;频郊深谋,三边于焉
□

8.净。滴薰风于庶品,勤节者蒙恩;沐甘露于群生,有缘者沾泽。是以罢

9.扇庙棠(堂)之神笔,乘风御而入朝,挺三军尽勒于海偶,驾四马车而直进。遂得

10.龙颜亲诏,倍(陪)明王出入九重;无非有隔,因言塞表广阔,疆长小群,三危孤城

11.赖犁礼,竭力而【无辞】悦纳,尽忠而两贺,惟友离异邑,恒里赏赐

功高;决凝棱怜,以□济□万乘明直闻。所以

12.帝心偏副,千户犁庶,所冀(冀)得四天书,重加相印,令一州□品,得万代无名。

13.舒日之光,照复盆之下。我相公乃体扶明运,道合天心,类升贵受之荣,再【就出】育边

14.【仁人】黎庶。云山无雁,去来万乘咸康;道露(路)遥长,寐梦常恒清吉。今则

15.贺贤圣而冥资,报龙天而潜卫。所以月乡飞印,日骑临边,高建法幢,

16.广修白业,买金锦七妙宝,施佛法三轮。特勒印天,书血四生,苦趣转空

17.真般若彰,妙有福门。燃智炬神灯,益三台贵体。其则有专使相牙大判

18.官,温雅为怀,清【志】谦作志,三端迥(迥)秀,七略摽奇;勤王教以竖良因,谨洁心而成

19.事流沙。冠盖相贺,俱怀恒(胆)腹之欢;缁吕忻然,共列休祥之会。是时也!龙埴旧岁,畏新□

20.而不飞;墨招坚冰,遇寒威而未解。星罗聚会,食满香厨,幡花隐映凝空,圣座陵层列

21.席。总斯多善,无疆福因,先用庄严:我国相贵位,伏愿盐梅邦国,舟楫巨川,长为明主

22.之腹心,永作圣神之台鼎;松篁比寿,金石齐□,千秋备不朽之功,万代保荣华之乐。

## 二、两愿文所及尚纩心儿敦煌事迹述略

可以说,《某判官为国相尚纩心儿祈愿文》是目前所见对尚纩心儿事迹最全面

的描述,首先是关于尚纥心儿的"天赋":

> 我国相尚乞心儿,名山托孕,神岳降临,天假雄才,宿资持□。幼而有
> 异居然,怀鉴物之心;长而不群邈矣,负凌霜之节。

《本阐晡为宰相等就灵龛祈愿文》亦有相同描写:

> (宰相)天生灵骨,地禀精奇,怀乾坤之量,秉……

这些常用的赞颂之词,用以说明尚纥心儿成就事业的基础。

其次是关于尚纥心儿的成长过程,《某判官为国相尚纥心儿祈愿文》是这样叙述的:

> 所以依垂仙台,德重台座。屡陈忠略,四海由是肃清;频郊深谋,三边
> 于焉净。滴薰风于庶品,劲节蒙恩;沐甘露于群生,有缘者沾泽。是以罘
> 扇庙棠(堂)之神笔,乘风御而入朝,挺三军尽勒于海偶,驾四马车而直进,
> 遂得龙颜亲诏,倍(陪)明王出入九重。

这里主要讲尚纥心儿为官伊始得到赞普的重用,成为赞普的左股右肱。当然,这一切都是在其受赞普之命进攻敦煌之前的事。

尚纥心儿率吐蕃军队开始进攻敦煌的时间,笔者考订为唐大历二年(767年)[1],而唐史中记载尚纥心儿最晚的活动时间为长庆三年(823年),此时他至少应已年逾古稀,进攻敦煌之始则为20岁左右。那么他之前的"屡陈忠略""频郊深谋"等,应该是在随其父祖东征西讨时之所为。敦煌写本 P.2765V 的《[大]蕃勅尚书令赐大瑟瑟告身尚纥心儿圣光寺功德颂》(以下简称《尚纥心儿圣光寺功德颂》)中追述了尚纥心儿先祖的事迹:

> 曾皇祖勅宰辅赐大告身,讳,羪水长流,既济臣于舟楫;盘宰鼎贵,住
> 重于盐梅。乘轩畏夏日之威,变瑝问春前之喘。皇祖父尚已立藏,勅时
> (侍)中大瑟瑟告身,讳,弼承霸业,世禄良家,居(以下涂去)朝诤处理之
> 能,出战任辕轮之重,敕曰相国。先门尚赞磨,副尚书令、瑟瑟告身,讳;寔

---

① 拙作《敦煌陷蕃年代再探》,《敦煌研究》1985年总第5期,第98—104页。

豫樟耸干,处宇宙长材,横沧海鲸鳞,吸江淮不测,跨秦右地方,外不敌骁
果,救邻国艰虞,起义兵而济及。①

尚纥心儿的祖父尚已立藏,曾为吐蕃相国,父亲尚赞摩曾是吐蕃与唐朝交战的
主帅之一。从763年攻入唐都长安到后来的东征西讨,都出现尚赞摩的名字,敦煌
文书P.2555、P.5037《为肃州刺史刘臣璧答南蕃书》,就是862年时任唐朝肃州刺史
的刘臣璧写给尚赞摩的,称"上(尚)赞摩为蕃王重臣,秉东道数节,"②此时尚赞摩已
经负责吐蕃东道军政事务。尚纥心儿在随父东征西讨中为其父出谋划策,则在情
理之中。史籍记载,吐蕃于763年10月退出长安后兵分两路:一路继续围攻长安并
在秦陇一带长期与唐军交战;另一路则挥师西进,攻取河西及西域,764年占凉州,

①P.2765《尚纥心儿圣光寺功德颂》,笔者据缩微胶卷录出,全文如下:
1.[大]蕃勅尚书令赐大瑟瑟告身尚纥律心儿圣光寺功德颂
2.大蕃右敦煌郡布衣窦撰
3.危峰百仞,褛全方而镇地;悬泉一带,虽水浅于天河。池杖龙马之驹,草秀莲
4.台之瑞。人风鲠直,怯私闻而逡巡;杆崇坚能,启先行而公战。所以成勋则
5.勇,破邪原绩效,则多归正法,大雄演座,此堞当施。厥今敕尚书令公
6.兼统六军甲兵霸国都元帅赐大瑟瑟告身尚起(纥)律心儿,和四门入贡,佳
7.五服输琛,揆方士安人,宇圣门设教,黄金布地,白璧邀工,进直道
8.以事君,倾真□而向佛,爰乃卜宅敦煌古郡城内建圣光寺一所。议其
9.□也:圣主统三光之明,无幽不照;令公承九天之宠,肱股奉隔,近沾圣德
10.之弘,远沐恩晖之重;率宾咸服,观国之光,烛赈流沙,称圣光寺也。是则道
11.猷自远,基业由先,白第开授国之封丹,印沙建侯之住即。曾皇祖勅
12.宰辅,赐大告身,讳,牂水长流,既济臣于舟楫;盘宰鼎贵,住重于
13.盐梅;乘轩畏夏日之威,变瑝问春前之喘。皇祖父尚已立藏,勅时(侍)中、大
14.瑟瑟告身,讳,弼承霸业,世禄家,居(以下涂去)
15.朝净处理之能,出战任辕轮之重,敕日相国。先门尚赞磨,副尚书令、瑟
16.瑟告身,讳,寔豫樟耸干,处宇宙长材,横沧海鲸鳞,吸江淮不测;跨
17.秦右地方,外不敌骁果,救邻国艰虞,起义兵而济及。伏惟令公,
18.地侧昆仑,应瑶台粹气;河源哇水,辅千载澄波。统六军以长征,广
19.十道而开辟。北举搀枪,扫狼山一阵;西高太白,破九姓胡军。猃狁旌
20.边,逐贤王遁窜;单于帐下,擒射雕贵人。科头迸走獐枉偏裨。蜂
21.鼓鱼澜,乘山则血流漂□,略野则卢舍竟焚。兀(原文止于此)
②邓小楠:《为肃州刺史刘臣璧答南蕃书校释》,载北京大学中国中古史研究中心编《敦煌吐鲁番文书研
究》,中华书局,1982年,第597页。

766年占甘、肃二州,大历二年(767年)攻下瓜州。768年,尚赞摩代替年事已高的大将尚悉结,正式出任东面节度使①。

敦煌遗书 P.2765(Pt.1070)卷背

在吐蕃军队进攻敦煌之前,史籍没有关于赞普(赤松德赞)亲自领兵的记载。推测赞普可能也是在吐蕃军队占领瓜州的大历二年(767年)进入军中,并召尚纥心儿到身边的。赞普赤松德赞当时也只有25岁,与尚纥心儿应该是同龄人,加之尚纥心儿天赋奇才,在跟随赞普之前已有军事方面的突出业绩,自然会得到垂青和重用。赞普随即派尚纥心儿率军进攻敦煌,而派其父尚赞摩东返秦陇,作为吐蕃主帅继续与唐作战。进攻敦煌是尚纥心儿首次单独率兵作战,当然有赞普"徒帐南

_____

①有关尚赞摩的事迹,详见才让著《吐蕃史稿》,甘肃人民出版社,2007年,第138—150页。

山"，亲自坐镇指挥。这就是《新唐书·吐蕃传》记载的：

> 始，沙州刺史周鼎为唐固守。赞普徙帐南山，使尚绮心儿攻之。

吐蕃对敦煌的进攻非常艰难，前后历十一年，这就是为学界所熟知的《新唐书·吐蕃传》的记述：

> （阎朝）自领州事。城守者八年，出绫一端募麦一斗，应者甚众，朝喜曰："民且有食，可以死守也。"又二岁，粮械皆竭，登城而呼曰："苟毋徙他境，请以城降。"绮心儿许诺，于是出降，自攻城至是凡十一年。赞普以绮心儿代守。后疑朝谋变，置毒靴中而死。

这里特别指出的是"苟毋徙他境，请以城降"和"绮心儿许诺"。看来，赞普给了尚绮心儿独立处置军政大事的权力，使得吐蕃对敦煌地区网开一面。《某判官为国相尚绮心儿祈愿文》对此也给予充分的肯定和高度的颂扬：

> 三危孤城赖犁礼，竭力而【无辞】悦纳，尽忠而两贺，惟友离异邑，恒里赏赐功高；决凝棱怜，以□济□万乘明直闻。所以帝心偏副，千户犁（黎）庶，所奠（冀）得四天书，重加相印。令一州□品，得万代无名；舒日之光，照复盆之下。我相公乃体扶明运，道合天心，类升贵受之荣，再【就出】育边【仁人】黎庶。云山无雁，去来万乘咸康；道露（路）遥长，寐梦常恒清吉。

从唐书记载看，吐蕃占领敦煌后，尚绮心儿一度受赞普之命代领敦煌，在此期间他设计杀了唐敦煌降将阎朝。但在蕃占初期的敦煌文书中，除了敦煌藏文 P.t.996 记载了尚绮心儿在敦煌盛宴款待并厚礼相赠一位汉族僧人事，被认为是尚绮心儿代领沙州期间所为之外[①]，并不见其他有关尚绮心儿处理军政事务的记录，如镇压敦煌汉唐民众的反抗、分部落等，说明此时尚绮心儿并不在敦煌。S.1438 和藏文文书 Fr.80 记录了一位任职七年的吐蕃沙州节儿因汉人反抗而被迫自杀，此事发生于786 年，[②]上推年即 779 年。也就是说，779—786 年为吐蕃沙州节儿的是那位自杀的

---

① 参见戴密微前揭书（汉）第 387 页。
② 参见拙作《吐蕃占领敦煌前后沙州史事系年》，载《敦煌学》第十九辑，中国文化大学，1992 年，第 74 页。

沙州节儿,证明尚纰心儿至少在779年时已经离开了敦煌,他代领沙州的时间也仅就777—779年。

尚纰心儿从敦煌率军西征东伐,进一步为吐蕃拓展疆域,即《某判官为国相尚纰心儿祈愿文》所谓"因言塞表广阔,疆长小群"。《本阐晡为宰相等就灵龛祈愿文》(拟)对此有较详叙述:

> ……塞,座筹谋而决胜,敛衽(猃犹)来投;振德星于四禺(隅),八方……获千代之基而津济,百寮(僚)政王侯之盛业……伏惟公位列崇班,品居雄职,仁慈天授,忠略神资,佐明主以守边,仰精节而净疆境。

《尚纰心儿圣光寺功德颂》也有相同的描写:

> 伏惟令公,地侧昆仑,应瑶台粹气;河源哇水,辅千载澄波。统六军以长征,广十道而开辟。北举挽枪,扫狼山一阵;西高太白,破九姓胡军。猃犹旌边,逐贤王遁窜;单于帐下,擒射雕贵人。

这里透露了这样一个历史事实:就是尚纰心儿在攻占敦煌后不久,便率兵继续西征。他先是用进攻沙州的方法包围伊州数年,逼唐朝守将袁庭光在弹尽粮绝后杀妻、子并自焚而陷城,时在781年之前。[1]继而征服了敦煌以西的各割据民族回纥、沙陀等,并先后于787年和790年占领唐北庭和安西,使西域的大片疆土均属吐蕃的统治范围[2]。但汉、藏文史籍对吐蕃用兵西域的主将均不见记载,推测可能就是尚纰心儿。《本阐晡为宰相等就灵龛祈愿文》所谓"佐明主以守边,仰精节而净疆境,"就应该是指尚纰心儿为吐蕃扩展西域的大片疆土进行了有效管辖和治理,其时当在8、9世纪之交的20年间。之后于809年前后升为宰相,并赴东道吐蕃与唐朝的接壤处,管理吐蕃与唐朝的军政交往事宜。

尚纰心儿再次回到敦煌,应该是9世纪前期,即唐元和十二年(817年)以后,因为有元和五年(810年)白居易代草的《与吐蕃宰相尚绮心儿书》,这一年尚纰心儿

---

① 《新唐书·忠义传》及《资治通鉴》卷二七建中元年六月、七月条。拙作《敦煌陷蕃年代再探》,《敦煌研究》1985年总第5期,第104页。

② 才让:《吐蕃史稿》,甘肃人民出版社,2007年,第157—160页。

又接任吐蕃东道节度①。这一时期,他已经率军攻占了西域的大片疆域,征服了所在地区的各少数民族,816年他率兵攻打回鹘,同时还不断地进攻唐朝边境。据P.5579"上乞心儿"于"未年"至"酉年"之间,先后在廓、甘、肃等州盖印度僧②,邵文实认为是791—793年,笔者以为应当在815—817年。此时尚绮心儿既然致力佛教事业于河陇地区,说明吐蕃与唐朝战事稍缓。

二次回到敦煌后,尚绮心儿在敦煌的佛事活动十分频繁,P.2853有"宰相上乞心儿"布施疏的记载,一些吐蕃时期的祈愿文中多次提及为"宰相上乞心儿"祈福③。敦煌藏文文书中,也有多份为尚绮心儿祈福的记载,如ch.ix.I.37和一份关于寺院落成的典礼文书中,多次提到为"大相尚绮心儿"祈愿。④

同时,《尚绮心儿圣光寺功德颂》《某判官为国相尚绮心儿祈愿文》《本阐晡为宰相就灵龛祈愿文》,都特别强调了宰相治理下的敦煌安定繁荣的社会景象,后者有云:

> 故使誉传四海,威侠(挟)三军,征旗不张,寇盗潜迹。由是退公务、启福门,正宝马以西垂,就灵龛而祈福祐。【善甲之解,意想慈云,寓兵之余,心忻法雨。】亦乃习君臣之胜道,表忠效之良谋。所以抽奉禄而助建崇修,咸家储而祈福祐;大披甘露广布其乘,召法众于二州,种津梁于万劫。

这里也表明,尚绮心儿率军东征西讨的战争时期已经结束,吐蕃占领的广大地区相对安定,特别是敦煌这一方土地,让饱受战争颠簸的尚绮心儿得到了片刻的安宁,为他进行佛事活动创造了良好的环境和条件。同时他也产生了退出军政事务

---

① 参见 PaulDemiéuvilleUnecontroversesurlequiétismecntreboudhistesdeL'ndeetdeLa-Chineau Ⅷ esiécledel'érechrétienne;戴密微《吐蕃僧诤记》,汉译本第330、335页;邵文实《尚乞心儿事迹考》,第18页;又邵文实著《敦煌边塞文学》,甘肃教育出版社,2007年,第274—275页。

② 邵文实前揭文,第17—18页。

③ 参见邵文实前揭文,第18页。

④ 敦煌藏文文书P.t.16+IOL.750。参见 F.W.Thomas:《TibetanLiterarydocumentsandTextsConcerningChinese-Turkestan》Ⅱ,1951,loudon.F.W.托马斯编著,刘忠、杨铭译注,《敦煌西域古藏文社会历史文献》,民族出版社,2003年,第82—86页。又参见罗秉芬《从三件赞普愿文的史料看吐蕃王朝的崩溃》,载金雅声、束锡红、才让编《敦煌古藏文文献论文集》下册,上海古籍出版社,2007年,第666—667页。

的念头,即《本阐晡为宰相就灵龛祈愿文》中涂去的"善甲之解,意想慈云,寓兵之余,心忻法雨。"

### 三、祈愿活动内容与文书年代

从《本阐晡为宰相就灵龛祈愿文》记述看,抓住尚纥心儿暂时"退公务,启福门"的时机,选择莫高窟作为法会地点,"正宝马以西垂,就灵龛而祈福祐,"为其举办祈愿法会。但这次法会规模较小也仅限于僧人,即所谓"大披甘露广布其乘,召法众于二州,种津梁于万劫,"对尚纥心儿也就说了一句话:"所冀宰相神位,保安台辅。"真乃惜墨如金。

关于《本阐晡为宰相就灵龛祈愿文》之钵阐布,应该就是9世纪前期活动于敦煌的吐蕃可黎可足赞普的重臣贝吉云丹,是吐蕃历史上著名的高僧宰相,敦煌藏文写经中有多处他的题名①。云丹在可黎可足时期的政治地位远高于尚纥心儿,甚至一直到长庆三年(823年)所立的《唐蕃会盟碑》上,云丹被列在尚纥心儿之前而为蕃官之首,而《本阐晡为宰相就灵龛祈愿文》明确表示是云丹为尚纥心儿祈愿。这里透露了两位吐蕃赞普重臣之间的微妙关系:对云丹来讲,究竟是因为统兵的军威的震慑,还是因为这位国相的"退公务、启福门",同归佛教之路呢? 但无论如何,云丹在莫高窟为尚纥心儿发愿祈福,而且内容丰富、花样繁多,也算是敦煌历史上的一段佳话了。

《某判官为国相尚纥心儿祈愿文》中是如此为尚纥心儿祈愿的:

> 总斯多善,无疆福因,先用庄严:我国相贵位,伏愿盐梅邦国,舟楫巨
> 川,长为明主之腹心,永作圣神之台鼎;松篁比寿,金石齐□,千秋备不朽

---

① 或谓这位钵阐布也可能是云丹之前的僧相定埃增,他也曾经到过敦煌并留下几份校经题记。但据黄文焕先生《河西吐蕃文书中的"钵阐布"》研究,815年云丹任钵阐布之后,定埃增大权旁落(见《中国民族古文字研究》,中国社会科学出版社1984年),当时也许有拉拢尚纥心儿的可能;但定埃增在敦煌的活动仅见于校经题名,且勘定抄写母本(范本),如敦煌藏文《十万般若颂》(Db.t.0397),此为马年(826)前后事。所以定埃增不可能在815年以后以钵阐布的身份为尚纥心儿在莫高窟做法事。

之功，万代保荣华之乐。

同时还有为吐蕃群臣，包括节度、侍中及其家室大小祈福（引文略）。

从这项祈愿活动的描述中，还透露了一些其他方面的信息。一是祈愿活动的
内容：

　　　今则贺贤圣而冥资，报龙天而潜卫。所以月乡飞印，日骑临边，高建
法幢，广修白业，买金锦七妙宝，施佛法三轮。特勒印天，书血四生，苦趣
转空真般若彰，妙有福门。燃智炬神灯，益三台贵体。……龙埴旧岁，畏
新□而不飞；墨招坚冰，遇寒威而未解。星罗聚会，食满香厨，幡花隐映凝
空，圣座陵层列席。

这里包括了建法幢、施宝物、写经、燃灯、缯彩、印佛、度僧、造幡及设斋列席等
一系列活动。

二是这项活动的主持人是一位大判官（此即本文书拟名之依据之一）：

　　　其则有专使相牙大判官，温雅为怀，清【志】谦作志，三端迥（迥）秀，七
略摽奇；勤王教以竖良因，谨洁心而成事流沙。冠盖相贺，俱怀怛（胆）腹
之欢；缁吕忻然，共刷休祥之会。

据此可知，文件开首之"惠严"，则为这份祈愿文的作者，而这位作为主持人的
大判官又是一位负有特殊任务的"专使"。

从《本阇晡为宰相就灵龛祈愿文》《某判官为国相尚纥心儿祈愿文》所记尚纥心
儿的职务中，可以推测其成书年代：两件文书中都只提到尚纥心儿的职务是"国相"
"宰相""大相"等，而不是像《尚纥律心儿圣光寺功德颂》那样称其为"敕尚书令公兼
统六军甲兵霸国都元帅赐大瑟瑟告身。"所以，我们认为，这两件文书所记的两次祈
愿佛事活动，都应该是尚纥心儿出任吐蕃宰相之后、荣任"元帅"之前并驻锡敦煌期
间的事。既然尚纥心儿于817年时还在河陇地区处理军政事务，819年率兵围攻盐
州时还是宰相，此二文书成书应该在此之间即817—819年。《本阇晡为宰相就灵
龛祈愿文》中提到"退公务、启福门"，应该不是指退出军政职务，而是暂时休息一段
时间。

羽77号写本在接《某判官为国相尚绮心儿祈愿文》后,还有一篇《赞普启愿文》(拟),也为我们透露了一些相关的信息,全文如下:

（前缺）

1.然今清梵刹、建【灵坛】真场,香烟腾上于云,□□傍流于法界者,则我

2.当今国主,深心启愿,悕宇宙清休之所为矣。伏惟圣神赞普,继百

3.王之道,张万古之基,宿设灵坛,晨开最胜。所冀普天休泰,遐迩咸

4.安;军师获坚猛之威,兵众保胜平之乐。【由是】集缁侣,会群僚,留真乘,邀贤□。总斯烦善,莫限良

5.缘,先用奉资:龙天八部,率土灵祇。惟愿增益神功,助洪赞普,使

6.圣神万寿,宝祚遐延;国相群僚,咸安禄位;东征师旅,旗鼓克

7.全,朔野城池,风烟不杂。然后择邪师邪法,殄扫尽除;十累十生,增寿其

8.命。天成地平,河清海晏,仰希大众,各渴志般若,庄严一切。

这是以吐蕃赞普的名义在敦煌举行的一次祈愿法会活动的记录,其目的是"圣神赞普,继百王之道,张万古之基""所冀普天休泰,遐迩咸安;军师获坚猛之威,兵众保胜平之乐。"这里特别提到了"东征师旅,旗鼓克全,朔野城池,风烟不杂,"应该是这次法会的主题内容,即为即将东征的将士们祈愿,故此法会可作为誓师大会。而这次东征,很可能就是指819年进攻盐州一事。这样看来,赞普举办这次法会的时间应该就在819年尚绮心儿等率兵出师盐州之前,因为进攻盐州的主帅是尚绮心儿,所以赞普的这次法会也可以看成是主要为尚绮心儿祈愿。

《赞普启愿文》《某判官为国相尚绮心儿祈愿文》和《本阐晡为宰相就灵龛祈愿文》粘接和保存在一起,说明这几份文献的成书时间相距不会太远,应该是同一时

期的,最早也不会超过818年下半年。
这也可能是贝吉云丹到达敦煌的初
期①。三次祈愿活动的顺序应该是钵
阐布在前,判官次之,赞普于后。

　　仔细看来,这三次法会似乎是尚
纭心儿第二次驻锡敦煌期间的活动经
历。在首先于莫高窟举办的法会上,
《本阐晡为宰相就灵龛祈愿文》云"退
公务、启福门",即年事已高的尚纭心
儿自己想退出军旅、政坛,专心佛事并
已经付诸实施。而在第二次规模更盛
大的法会上,《某判官为国相尚纭心儿
祈愿文》只字未提让这位"国相"隐居
之事,而是对其军政业绩大加颂扬,显
然是醉翁之意不在酒,这位"专使相牙
大判官""勤王教以竖良因,谨洁心而

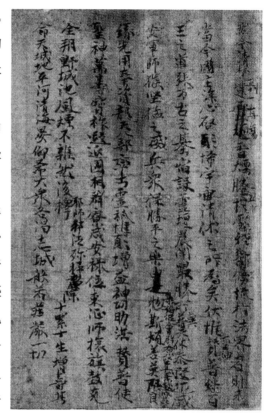

敦煌遗书羽97部分

成事流沙",可能就是作为赞普的专使,受了赞普的委托,以法会祈愿的激将形式来
请尚纭心儿再度出山。敦煌文献中有数份愿文,如 P.2613、P.2441、P.2631、P.2915、
S.6172等,都多次提到为"东军相国""东军宰相大论"祈愿,说明这个时期请尚纭
心儿出山,或为顺应赞普旨意,或为群僚百姓之意愿,反正在敦煌是众口一词。尚纭
心儿显然是接受了这一任务,又得到东军帅印和尚书令之职,再次披挂上阵。接下
来,便有以赞普名义举办的东征誓师法会,为尚纭心儿于古稀之年再度率兵进攻唐
朝盐州壮行。

_____

　　①关于贝吉云丹何时到达敦煌的问题,尚未发现有文献记载。目前敦煌藏文文献所记云丹之活动均为826
年(马年)及其后,也主要是写校经题记,所以推测其到达敦煌不可能太早。

实际上,尚绮心儿第二次在敦煌期间,并不是像《本阐晡为宰相就灵龛祈愿文》所云"退公务、启福门",而是一如既往地关注和治理军政大事。S.2146《转经文》所记:

> 转经文(前略)然今启龙藏、虔一心、击洪钟、邀二众者,其谁施之? 则
> 我国相论掣晡敬为西征
> 将士保愿功德之所建矣。伏惟相公乃河岳降灵,神威动物,感恩出塞,
> 抚俗安边。一昨春初,扶阳作孽,摽掠人畜,由是大举军师,并除凶
> 丑,虽兵强士勇,然福乃祸。师是以远杖流沙,积祈转念;今者能事遐
> 列,胜
> 福斯圆,总用庄严,我行军将相即体:原(愿)使诸佛护记,使无伤损之忧;
> 八部潜加,原(愿)起降和之意。然后人马咸吉,士卒保康,各守边陲,
> 永除征战。然后般沾法界,普及有情。赖此方因,咸登觉道。

这时的"国相"之前还未冠"东军"之称,说明是尚绮心儿二次回到敦煌不久,还在受理军政事务,亲自派兵西征,并一直关注西征战事。就在他已经受命为"东军国相"并在东征之前,又一次在敦煌"敬为西征将士保愿功德"举办转经法会。同样是S.2146保存的记此次盛会之《行军转经文》称:

> 行军转经文(前略)然今此会转经意者,则我东军国相论掣晡敬
> 为西征将士保愿功德之修建也。伏惟相公天降英灵,地资秀
> 气,岳山作镇,谋略坐筹。每见北虏少师,频犯边境,抄掠
> 人畜,暴耗田亩,使人色不安,知飙数举。我国相勃然忿起,怒
> 发冲冠,遂择良才,主兵西讨。虽料谋指掌,百无一遗;然必赖
> 福资,保其清吉。是以远启三危之侣,遥祈八藏之文,冀士马平
> 安,永宁家国。故使虔虔一志,讽颂《金刚》;济济僧尼,宣扬《般若》。
> 想此殊
> 胜,夫何以加? 先用庄严护世四王:龙神八部,愿使威光盛、福力增,使
> 两阵齐威,北戎伏款。又用庄严行军将相:伏愿才智日新,福同山积,

寿命遐远,镇坐台阶;诸将士等三宝抚护,方善庄严。①

二文相较,前者的佛教色彩更浓一些,似乎也反映了尚纶心儿的心理变化。

### 四、尚纶心儿晚年建敦煌圣光寺

元和十四年(819年)尚纶心儿等率兵围攻盐州,此时已官拜尚书令并离开敦煌;822年参与唐蕃长庆会盟,立于长庆三年(823年)的《唐蕃会盟碑》中,他已是"天下兵马都元帅同平章事"②而位极人臣。823年还在河州会见唐使刘元鼎。③史籍和敦煌文献中不见823年以后有关尚纶心儿活动的明确记载,可能此后不久便退出军务政坛。如果从766年进攻敦煌开始算起,尚纶心儿在历史舞台上活动了约六十年。黄维忠推测尚纶心儿死于832年,④若如此,尚纶心儿享年八十有余。

823年以后,退出政坛的尚纶心儿第三次回到敦煌,从事佛教活动和颐养天年。P.2915、S.6315等祈愿文中的"东军宰相令公,"即是为他作祈愿。同时还专门提到他"使两国和好,重圆舅甥,"⑤即指唐蕃长庆会盟事。敦煌文书 P.2974《为宰相病患祈愿文》(拟)中提及"为东军宰相令公尚乞心儿台阶益峻、神寿无疆之所为,"并对尚纶心儿大加褒颂⑥。说明此时的宰相已是尚腊藏嘘律钵,尚纶心儿虽居令公之位,但赋闲在庭,深居简出。《尚纶律心儿圣光寺功德颂》记其在敦煌建造圣光寺时,官居"敕尚书令公兼统六军甲兵霸国都元帅赐大瑟瑟告身,"故敦煌圣光寺之建造,应该在长庆会盟之后,是尚纶心儿第三次回到敦煌,安享晚年期间之所为。

---

①敦煌S.2146文书之《转经文》《行军转经文》,参见杨富学、李吉《敦煌汉文吐蕃史料辑校》,甘肃人民出版社,1999年,第217—218页。需要说明的是,二转经文中的"我国相论掣晡"和"我东军国相论掣晡"即指尚纶心儿。"论掣晡"为藏文音译,意为大论,即大相、大臣。

②参见才让前揭书,甘肃人民出版社,2007年,第208页。

③参见邵文实前揭文,第18页。

④黄维忠:《8—9世纪藏文发愿文研究——以敦煌藏文发愿文为中心》,民族出版社,2007年,第119页。

⑤邵文实:《敦煌边塞文学研究》,甘肃教育出版社,2007年,第274—275页。

⑥黄征、吴伟:《敦煌愿文集》,岳麓书社,1995年,第678—679页。

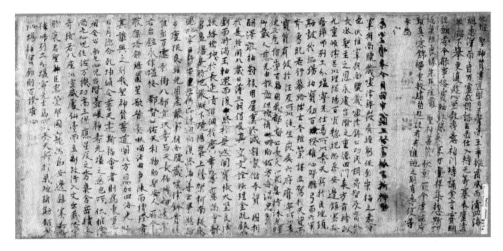

敦煌遗书 P.2974

敦煌文书滨田德海旧藏 115《诸寺付经历》记巳、午、未年间付给敦煌诸寺佛经卷帙若干,其中圣光寺在巳年的记载中都没有出现,而在午年七月和未年正月、二月共出现三次①,说明圣光寺在午年七月已经建成。《诸寺付经历》之午年(蕃历记作马年)最早应该是 826 年。因为根据藏文文书记载,吐蕃大量抄写汉、藏文《大般若经》也正是从午年开始②,而汉、藏文《大般若经》也正是《诸寺付经历》午、未两年中出现最多的佛经。敦煌文书 S.0542《役部》及背面诸寺僧尼名簿上均无圣光寺。《役部》被认为是 818—823 年的文献③,说明 823 年时敦煌还没有圣光寺。由此可知,尚纥心儿在敦煌建成圣光寺的时间应在 826 年 7 月之前,《尚纥律心儿圣光寺功德颂》的成书年代应在圣光寺建成之后的 826 年。

(原刊于《敦煌研究》2011 年第 4 期)

---

① 参见拙作《敦煌文书〈诸寺付经历〉刍议》,《敦煌学辑刊》1999 年第 1 期。

② [英]F·M 托马斯编著,刘忠、杨铭译注:《敦煌西域古藏文社会历史文献》,民族出版社,2003 年,第 65—66 页。

③ 姜伯勤著:《唐五代敦煌寺户制度》,中华书局,1987 年,第 38 页。

# 敦煌文书所记南诏与吐蕃的关系

在著名的敦煌藏文《吐蕃史》中,有三处记载了8世纪时南诏与吐蕃的关系,可以和汉文史籍相印证。现按时间先后分述如下。

### 一、赞普传记12记:赤德祖赞接待阁罗凤的臣相段忠国并唱歌赞颂事

南方下部的南诏腹地,有一个叫白蛮的不小的酋长部落,赞普(赤德祖赞)以其高深之谋略和策略下诏,蛮王谓阁罗凤者前来称臣敬礼,赞普遂赐予"钟"之名号。因此,人多之国又增属民,地博之域又添疆土。自收南诏王这吐蕃臣属后,唐廷势力大衰,政局不安。南诏蛮王有一时期本归附唐朝,因唐王以敌相待,遂向赤祖德赞殿下输诚,将攻占的唐朝城堡及土地一并献上,将作战时所俘唐人如对牢中绵羊般的管理。

后来,在旁塘的大殿上,赤祖德赞御座前,阁罗凤的臣相段忠国晋见之时,赞普君臣作歌唱道:

七重蓝天上,苍穹仙境中,天子从彼降,来做人救主;

所有人间地,不与蕃域比,地高土洁净,降临蕃土中,来做人间主,仪善威望高,小帮均亲睦。

去岁前年前,大河尾端上,罗凤主与臣,雄心气度大,英勇驰疆场;

对唐三郎主,筑堡摆战场,重分敌与友,执政于一方;

寻找父佑爱,寻到天子赞;天子威望高,仪善君殖祥,令正言有信;

罗凤献社稷,人政神主宰,社稷永不改。

罗凤主与臣,不尽英雄行,摧毁唐高城,收服唐百姓,土地连部落,拓奠蕃土基;在上苍天悦,在下大地喜;罗凤主与臣,越来越靠近,近王如近

天;越来越坚固,坚靠香布神!

　　由今望明朝,忠国官与仆,天地心相合,雾满神界中;众生皆有利,先迎后相送,载歌又载舞,所需皆遵行。①

段国忠作为南诏使臣出使吐蕃和晋见赤德松赞事,为其他史籍所不载,但上文所描述的这段历史,史籍中有较为详细的记载。

南诏与唐朝的友好关系,从南诏第一代王(653年)开始,一直得到唐廷的册封。唐诏关系的恶化,是从南诏第五代王阁罗凤即位后开始的。天宝七载(748年)阁罗凤即位,唐封其袭云南王。阁罗凤想扩展疆土,受到唐朝的限制,加上唐王朝派到云南的边将骄横无礼,导致唐与南诏矛盾激化,阁罗凤受尽其辱,被迫反叛。从天宝九载(750年)至天宝十三载(754年)的五年中,先后发生四次大战,有十八万唐军被南诏击败和歼灭,数名唐军主帅被擒被杀,大片疆土为南诏所占。其间于天宝十一载(752年),南诏向吐蕃投降,吐蕃与南诏结为兄弟之邦,封南诏为赞普钟南国大诏,南诏改元为赞普钟元年。天宝十三载(754年)唐诏战争之后,阁罗凤说:"生虽祸之始,死乃怨之终,岂顾前非而忘大礼,"下令收唐军将士尸骸筑"京观"祭而葬之,"以存旧恩",在下关西洱河南岸筑了"大唐天宝阵亡战士冢"(俗称万人冢),并在太和王都立大碑,刻石记述"叛唐不得已而为之"的原委。唐王朝的失误,南诏降蕃,给吐蕃扩张和强盛打下了基础。所以,敦煌文献也将此事大书特书,对阁罗凤大加赞颂。记事和唱词都是对当时情况的客观描述,突出展示了阁罗凤被迫反叛唐朝、大败唐军、投靠吐蕃并献上疆土等事迹。

---

①黄布凡、马德:《敦煌藏文〈吐蕃史〉文献译注》,甘肃教育出版社,2000年。(本文所引敦煌藏文《吐蕃史》文书汉译原文均出自此书,有稍许改动)。

敦煌遗书 P.t.1287赞普传记片段

有一点应该说明的是,段忠国晋见赞普是赤祖德赞时期的事,应在阁罗凤被赐封为"赞普钟"之后。从南诏王被赐为"赞普钟"的752年到赤祖德赞去世的754年,只有两年时间。因此,段忠国的晋见与赤祖德赞君臣颂歌的时间,即当在此两年之间。敦煌文书以独特的形式和生动的语言,为我们描述了吐蕃与南诏关系史上精彩的一页。

## 二、编年史105:756年阁罗凤等攻陷唐之巂州

猴年,……论泣藏、尚息东赞、阁罗凤三人率军攻陷巂州,孜吉以下地区尽皆臣服。

新唐书南诏传:"亦会安禄山反,阁罗凤因之取巂州会同军,据清溪关,以破越析,枭于赠,西而降寻传、骠诸国。"①

通鉴卷二一八,肃宗至德元载(756年)九月条下记:"南诏乘乱陷越巂会同军,据清溪关,寻传、骠国皆降之。"越巂即今西昌,会同即今会理。时值唐逢"安史之乱",无暇南顾,任凭南诏与吐蕃攻占和瓜分疆土。敦煌文书对此事记载得更为详细者,是这次诏、蕃联军的领兵将帅,南诏方是被吐蕃赞普封为弟弟的阁罗凤亲自带兵,吐蕃方是大相论泣藏和息东赞。另外,从各方面的记载可以看出,这次战争是南诏臣属吐蕃以来的第一次联合对唐用兵。

## 三、赞普传记13记:赤松德赞时代,南诏王反叛后又归附

此赞普(赤松德赞)之时,……原收编为属部的白蛮反叛,赞普命没庐·舟榲为大将征讨,于岩山之巅交战,斩杀南诏多人,执副都护、微末小吏及平民以上大小官员一百一十二人。南诏王迷途知返,又前来致礼,遂真正收编为属民,摊税役使一如既往。

这件事在《通鉴》卷二三三,唐纪第49,德宗贞元七年(791年)条下是这样记述的:

---

① [北宋]欧阳询:《新唐书》卷二二二上《南诏传》,中华书局,1975年,第6271页。

　　韦皋此年致书招云南王异牟寻,终未获报。然吐蕃每发云南兵,云南与之益少。皋知异牟寻心附于唐,讨击副使段忠义,本阁罗凤使者也。六月,丙申,皋遣忠义还云南,并致书敦谕之。……吐蕃知韦皋使者在云南,遣使让之。云南王异牟寻绐之曰:"唐使,本蛮也,皋听其归耳,无它谋也。"因执以送吐蕃。吐蕃多取其大臣之子为质,云南愈怨。

　　《通鉴》所谓"多取其(南诏)大臣之子为质,"是南诏将段忠义执送吐蕃后的事。而敦煌文书在这里记为吐蕃因南诏再次反叛而发兵征讨,双方于岩山友战,斩杀南诏多人并俘获段忠义及大小官员一百多人。所记孰是孰非,尚有待于深入探讨。

　　据两《唐书》及《通鉴》记载,779年阁罗凤死,其孙异牟寻即位后,因与吐蕃联合进攻唐军大败,吐蕃迁怒于南诏,改封异牟寻"日东王",从兄弟之邦降为部属,加重贡赋,吐蕃并扶持施浪等诏的残余势力利罗式,威胁南诏,又夺南诏边境险要之地筑堡驻兵,异牟寻因此怨恨吐蕃并对其加强防御。唐王朝此时亦继续受到吐蕃的袭扰遂决意联合南诏。双方从贞元四年(788年)起以书信往返商谈。贞元七年(791年),唐王朝派南诏旧臣段义忠回到南诏洽商;贞元八年(792年)韦皋致信异牟寻愿同南诏驱逐吐蕃于云岭之战,让南诏在边境筑城把守,相互保卫,永为一家。异牟寻与清平官、大将军等密谋大计,一心归唐。贞元九年(793年),他派遣使臣赵莫诺眉由戎州、杨大和眉由黔州、杨传盛由安南三路献表,愿归大唐。使都到长安,唐德宗赐异牟寻诏书,下令韦皋派使者到南诏安抚,韦皋派崔佐时持诏书和信以示异牟寻。贞元十年(794年)正月初五,异牟寻率独生子寻梦凑,清平官司洪骠利时,大军将段盛与崔佐进盟誓于苍山神祠。"愿以全部落归唐,辖内各赕首领永不叛离",即"苍山会盟"。不久吐蕃征兵于南诏,南诏佯应,只以五千应征,异牟寻则自将数万兵跟踪于后,大破吐蕃于神川(今德钦金沙江沿岸),拔铁桥十六城,俘其五王,灭三浪残科,俘获众多。之后派他的弟弟凑罗栋,清平官尹仇宽等向唐朝报捷,并献地图、方物及吐蕃所给金印,请求复号"南诏"。唐德宗对南诏给以厚赐,拜尹仇宽为左散骑常侍,并封为高溪郡王,派袁滋为使到羊苴咩城册封南诏。以后南诏使臣多次到唐都朝贡。贞元十一年(795年),唐与南诏联军攻克吐蕃昆明城(今盐源)。贞元十七年(801年)唐与南诏几次打败吐蕃,占领了七城、五镇,摧毁一百五十个城堡,斩道一万多,俘虏六千人,缴获铠甲兵械十五万件,南诏攻击敌人腹心,俘获最多。吐蕃退守神川、纳川。①

从这段历史看,敦煌文书所记段忠义入蕃事与史载有出入,以为吐蕃因南诏有反叛之举而以武力征服,段忠义等一百多人为战场俘获,迫使南诏重新归降。从794年吐蕃仍然向南诏征兵一事看,791年吐蕃对南诏发动这次战争的可能性还是很大的。以段忠义为首的一百多人可能就是被吐蕃俘获的,因为当时吐蕃还很强盛。②

毋庸讳言,无论是汉唐史家还是吐蕃史家,在记述历史人物和历史事件中,都带有明显的倾向性。从以上三件具体历史事件的记载看,吐蕃文书所记较汉文史籍更加详细。所以,敦煌吐蕃文书所记之史实可信程度更大一些。

[原刊于《西藏民族学院学报(哲学社会科学版)》2004年第6期]

---

① [后晋]刘昫:《旧唐书》卷一九七《南蛮》,中华书局,1975年,第5283页。
② 王仲翰:《中国民族史》,民族出版社,1993年。

# 小议敦煌壁画中的蕃装人物

## 一、从"帽首"说起

敦煌石窟壁画和塑像中有一些吐蕃装人物形象,是研究藏族早期服装及中国服饰史的珍贵资料,早已引起专家学者的广泛关注。[1]笔者这里仅就与壁画中蕃装人物相关的几个历史问题略述浅见,以求教方家。

蕃装的突出标志是"帽首",即男性头上所戴。《新唐书·吐蕃传》有记"赞普结朝霞帽首,"经专家们研究即是敦煌壁画中的赞普头饰。在壁画中,赞普的侍从和吐蕃大臣们的头饰也同赞普的头饰基本相同。这一点,我们从莫高窟第159窟的赞普听法图中可以看到。

但值得注意的是,不光是赞普,包括大臣们的帽首在壁画中也有明显变化,就是帽体由高变低,莫高窟第359、135窟即如此。

至于其他的蕃装人物,帽首一般比较低。

仔细看来,帽首并不是做好的帽子成品,而是织巾一类的长条毛织品,不是戴在头上,而是缠在头上的,这可能就是所谓的"结朝霞"吧?织巾的宽窄决定着帽首的高低。赞普的帽首高一些,最高者为莫高窟第158窟举哀图中的赞普,其次为第159窟等听法图中的赞普。而莫高窟第359、135窟等窟中赞普帽首的高低似乎与其他蕃装人物区别不大。

除帽首外,吐蕃装还有十分丰富的内容,但因为本文主要是谈蕃装人物而不是

---

[1]对于敦煌壁画中吐蕃服饰的研究,最早有段文杰先生撰述"吐蕃装",见《敦煌学大辞典》第215页,上海辞书出版社,1998年。后有谢静博士论文专列"吐蕃"一编,为蕃装研究之集大成者。谢静:《敦煌石窟中的少数民族服饰文化研究》,兰州大学博士学位论文,2007年。

具体的吐蕃服饰,限于篇幅,所以只就头饰作简要说明,并将其作为"蕃装"的标志进行相关的论述。

莫高窟第359窟蕃装供养人像

## 二、蕃装非蕃人——供养人的无奈

首先,敦煌壁画上的吐蕃装人物并不是吐蕃人,而是汉人或其他民族人物。唐代敦煌汉人着吐蕃装,《新唐书·吐蕃传》有明确的记载:

> 始,沙州刺史周鼎为唐固守,赞普徙帐南山,使尚绮心儿攻之。鼎请救回鹘,逾年不至,议焚城郭,引众东奔,皆以为不可。鼎遣都知兵马使阎朝领壮士行视水草,晨入谒辞行,与鼎亲吏周沙奴共射,彀弓揖让,射沙奴即死,执鼎而缢杀之,自领州事。城守者八年,出绫一端募麦一斗,应者甚众。朝喜曰:"民且有食,可以死守也。"又二岁,粮械皆竭,登城而呼曰:"苟毋徙它境,请以城降。"绮心儿许诺,于是出降。自攻城至是凡十一年。赞普以绮心儿代守。后疑朝谋变,置毒靴中而死。州人皆胡服臣虏,每岁时祀父祖,衣中国之服,号恸而藏之。

当然,这里的"州人"主要是指男性。

对吐蕃占领敦煌后的一些统治措施,敦煌文献《阴处士碑》有具体描述:

属以五色庆云,分崩帝里;一条毒气,扇满幽燕,江边乱踏于楚歌,陇上痛闻于豺叫。枭声未殄,路绝河西,燕向幕巢,人倾海外,羁维板藉,已负蕃朝。歃血盟书,义存甥舅。熊罴爱子,拆襁褓以纹身;鸳鸯夫妻,解鬟钿而辫发。岂图恩移旧日,长辞万代之君;事遇此年,屈膝两朝之主。自赞普启关之后,左衽迁阶;及宰辅给印之初,垂祛补职。蕃朝改授得前沙州道门亲表部落大使。承基振豫,代及全安,六亲当五秉之饶,一家蠲十一之税。复旧来之井赋,乐已忘亡;利新益之园池,光流竟岁。①

《阴处士碑》所记为莫高窟第231窟营建之事。该窟至今保存较完整,但我们没有在窟内的供养人像中发现有着蕃装者。

莫高窟第220窟蕃装供养人像

①见敦煌遗书P.4638等,马德:《敦煌莫高窟史研究》,甘肃教育出版社,1996年,第292页。

莫高窟第220窟甬道南壁龛内西壁绘有一对男女蕃装供养人和一汉装年轻女性供养人，分列于红色榜书牌左右两边。莫高窟第220窟俗名翟家窟，建于唐初。翟氏为敦煌望族，第220窟自唐初建成至宋初300多年，一直由翟氏家族人保护、管理和维修，洞窟上也保存有相关记录。因此，这对着蕃装的男女供养人也应该是翟氏家族人。红色发愿文榜牌上面没有书写痕迹，可能当时没有书写文字记录。笔者个人认为，榜牌右边的那对蕃装男女应该是夫妇，而榜牌左边的汉装年轻女性可能是他们的女儿。

莫高窟第225窟王沙奴供养像（临摹）

莫高窟第158窟甬道北壁有一幅目前所知唯一画在甬道的巨幅蕃装供养人。因为这幅画残损严重，细节无法辨认。虽然莫高窟第158窟的窟主现在也无法确认，但有一点可以肯定的是，这位着蕃装的供养人不是吐蕃僧人。

莫高窟第359窟是出现蕃装供养人最多的洞窟。在20多身男供养人中，除少数几位着僧装以外，大部分着蕃装，而女性供养人均着汉装。沙武田先生辨识出部分供养题记，表明这些男女供养人均属于一史性家族，而非吐蕃人。这一发现对敦煌吐蕃时期的石窟研究有重要意义，我这里说的蕃装问题即其中之一，详细情况可见沙武田先生的论文。①

莫高窟第225窟的王沙奴供养像是大家比较熟知的蕃装人物。但仅从其姓名

①沙武田：《莫高窟吐蕃期洞窟第359窟供养人画像研究——兼谈粟特九姓胡人对吐蕃统治敦煌的态度》，载樊锦诗主编《敦煌吐蕃统治时期石窟与藏传佛教艺术研究》，甘肃教育出版社，2012年，第109页。

可知,他不是吐蕃人,而是汉人或者其他民族人。

以上画面说明,着蕃装者不一定是蕃人,而汉人着蕃装在一般情况下是出于无奈。

榆林窟第25窟的老人入墓图中,全为着汉装人物,这大概就是前述《新唐书·吐蕃传》所谓"时祀父祖,衣中国之服。"这里反映的是吐蕃统治时期在特殊历史条件下的特殊风情,是史书所记当时社会生活情景的生动展现。

### 三、蕃装非蕃俗——生活场景中的特殊显现

蕃装人物在敦煌石窟中最早出现于榆林窟第25窟弥勒经变的婚礼宴饮图中。

我们仔细观察一下这幅图:新婚夫妇均着蕃装,坐在席上的贵客着蕃装,而侍女着汉装,新婚夫妇行的是男拜女揖的汉唐礼。举行婚礼的这幢房子也是汉式建筑。这就说明,在这幢房子里的人,无论是新郎新娘,还是高朋贵友及傧相侍从,无论着唐装还是着蕃装,他们肯定都不是吐蕃人。史苇湘先生曾就此事作过精辟而深刻的阐述。①另外我们还可以注意到,婚礼宴饮图是反映生活场景的,在本幅弥勒经变中,除此之外,其余生活场景如"树上生衣""路不拾遗"等画面人物均着汉装,说明此窟窟主及其他建造者都不是吐蕃人。

莫高窟第154窟有一幅驱赶大象的商人图像,也不可能是吐蕃人,因为史籍中没有过吐蕃人长途跋涉经商的记载,也没有吐蕃人以大象作为运载工具而远涉经商的记载,其应该是来自西域的其他民族商人。所以这位驱赶大象的蕃装商人即非蕃人,驱象经商亦非蕃俗。

莫高窟第154窟还有一幅供佛图,二位着蕃装女性在奉呈供品。从所供食品看,也不可能是吐蕃人,而应该是汉族妇女。因为蕃装女性又手持供盘中所盛馒头样的食品,当时叫蒸饼,是汉人常用之食物。

---

①史苇湘:《地方因素是研究佛教艺术的起点和基础——兼论榆林窟第25窟壁画》,载《敦煌历史与莫高窟艺术研究》,甘肃教育出版社,2002年。

之所以这些着蕃装者均不是吐蕃人，是因为画面所反映的生活风情民俗等都不是吐蕃的，而是汉族和其他各民族的生产与生活习俗。这些生活、生产习俗也说明了吐蕃占领时期不光是汉族人要着蕃装，其他吐蕃占领区的各民族民众也不例外。

### 四、吐蕃王臣——真正的吐蕃人与吐蕃装

吐蕃赞普听法图(吐蕃赞普礼佛图)是吐蕃占领敦煌时期所建佛窟的最显著标志，只要该窟中有维摩诘经变，维摩坐榻下的各国王子之首即赞普，实际上是以赞普为首的吐蕃王臣及赞普侍从们的群像，其不仅与对面文殊菩萨坐骑前的汉族帝王并列，而且是他身后各国王子的统领，如莫高窟第159、231、237、135、359等窟。

莫高窟第159窟赞普说法图

莫高窟藏经洞出土绢画维诘经变中也有赞普及侍从像。

莫高窟第158窟举哀图中的赞普头像，不知何时被人挖走，幸好有1908年伯希和拍摄的照片，史苇湘先生据此进行了复原临摹。图中赞普和他身旁的汉族帝王一样，两边有两名侍女，汉帝的侍女着汉装，赞普的侍女着吐蕃装。

莫高窟第205窟初建于盛唐时期,今存窟顶及南、北、东三壁大部分壁画和中心佛坛上佛、弟子、菩萨塑像均为盛唐原作,西壁壁画及佛坛上天王塑像为吐蕃时期作品,而最具个性的就是这身披虎皮的吐蕃勇士北方天王像。据藏文史籍《贤者喜宴》记载,吐蕃国王曾制订了"告身六、标志六、褒贬六、勇饰六"等"蕃土三十六法制",其中有云"英雄的标志是虎皮袍""褒英雄以虎豹虎袍""六种勇饰"中虎皮上衣、虎皮围腰、虎皮袍三种。《新唐书·吐蕃传》也记载,对吐蕃武士中"有战功者,生以其(虎)皮,死以旌勇,"[1]可见虎皮在吐蕃人心目中的重要位置。披虎皮是英雄的象征。莫高窟第205窟是吐蕃时期重修的盛唐洞窟,佛坛上除两身天王像之外,其余佛、菩萨等是盛唐原作。该窟重修的时间可能在吐蕃占领敦煌早期,因此这身披虎皮天王塑像可能是敦煌石窟出现非常早的蕃装人物形象之一。

吐蕃结束对敦煌统治以后,吐蕃赞普的画像在张氏归义军时期的大窟中也有出现,如莫高窟第156、85、9等窟。与吐蕃占领时期不同的是,这时候的赞普不再排在各国王子之首,而是站立在各国王子行列之中。莫高窟第156、85窟建成于咸通年间,距吐蕃结束对敦煌的统治时间不长,而且在石窟营建的时间方面应该是与吐蕃上下相接的时候。莫高窟第9窟建成于9世纪末,上距吐蕃结束敦煌统治已近半个世纪。

需要说明的是,一直以来,笔者将莫高窟第9窟的赞普像视为吐蕃对敦煌统治结束后的首次出现,忽视了早在莫高窟第156窟和第85窟就已经出现的事实。现予以纠正,并因此失误和造成的不良影响向大家道歉!

赞普像在10世纪的曹氏归义军时期的大窟,如莫高窟第98、108、61、454等窟中频频出现,一直到10世纪后期,前后延续了近百年。

张、曹归义军时期的赞普像,最值得注意的是其服饰的变化,特别是头上帽首的变化。我们从诸多赞普画像中可以确认,莫高窟第158、159、231等窟中吐蕃时期所绘的赞普像,应该是赞普的"标准像",神情和侍从大臣都比较统一。而等后来

---

[1] 巴卧·祖拉陈瓦著,黄颢、周润年译注:《贤者喜宴·吐蕃史》,青海人民出版社,2017年。黄布凡、马德:《敦煌藏文吐蕃史文献译注》,佟锦华先生译文,甘肃教育出版社,2000年,第383页。

的第135、361诸窟就比较随意,虽然也是红帽首、翻领白色长袍,但帽首变低,帽则与百姓供养人区别不大。而归义军时期,服饰上的变化使赞普的形象丰富多彩:莫高窟第156窟(归义军时期)首次出现的赞普像是花缠头和红色翻领红袍;接下来的第85窟虽然恢复了白袍,但低帽首是黑色的;莫高窟第9窟的赞普又是"标准像"且有二侍女相随;而后张氏晚期和曹氏时期的赞普像基本为红袍,帽首颜色是红色,但都比较低;10世纪中期的莫高窟第454窟的赞普帽首居然补绘成头圈形式。归义军时期赞普形象的变化,一方面说明了经受过吐蕃统治的敦煌人的心理因素,另一方面也可能是吐蕃本身的生活习俗也在不断变化。

顺便说一下,除吐蕃王臣外,反映吐蕃普通百姓的画面,着蕃装又确实为吐蕃人者,恐怕只有莫高窟第156窟张议潮出行图之蕃装舞伎了。这是吐蕃结束对敦煌的统治和吐蕃灭亡之后不久的事,反映吐蕃百姓与各族民众为敦煌归唐而欢欣鼓舞。

## 五、蕃装人物所体现的社会背景

生活风情图、吐蕃赞普礼佛图和供养人像,分别代表了蕃装人物在敦煌石窟中出现的三个不同时期。从时间上看,最早出现蕃装人物的是生活风情图,其次为吐蕃赞普礼佛图和供养人像,后两者相距时间应该不长。

我们说榆林窟第25窟所绘蕃装人物为敦煌壁画中最早者,是因为在所有吐蕃时期的敦煌洞窟中,榆林窟第25窟是时间较早者之一,其建于吐蕃占领敦煌初期,壁画绘制者可能是当时的榆林寺户的画匠[①]。从该窟在内容布局上看,南北两壁绘弥勒净土变、西方净土变,完全与初盛唐洞窟一脉相承,此壁画也属盛唐遗风。如果没有蕃装人物图像,我们完全可以将此窟看成盛唐时期所建。之所以视其为吐蕃时期所建,就是因为在弥勒经变的婚礼宴饮图中出现了蕃装人物。壁画上老人

---

①史苇湘:《地方因素是研究佛教艺术的起点和基础——兼论榆林窟第25窟壁画》,载《敦煌历史与莫高窟艺术研究》,甘肃教育出版社,2002年。

入墓图侧虽书写有藏文榜书,但其内容与该窟原建时代没有任何关系。①另外我们还注意到,婚礼图中的仕女与莫高窟第217窟得医图中的侍者除服装颜色外,其形象与姿态十分相像。莫高窟第217窟初建于8世纪早期,壁画也是盛唐早期的作品,所以从人物造型上看,榆林窟第25窟还没有完全脱离盛唐余风。而且,弥勒经变中除婚礼宴饮图外,其余如农作、建造等生活场景中的人物,全部着汉装。这一点深刻反映了当时的历史现象,就是吐蕃人还没有接受以农业经济为主的封建生产方式与生活习俗,而又允许汉人从事农业生产,这就是吐蕃占领敦煌的历史现象。

吐蕃统治敦煌时期的石窟,最明显的标志就是"方丈室内,化尽十方;一窟之中,宛然三界,"即开始在一窟中绘制多种大幅经变画。这类洞窟一般出现在吐蕃统治的后期和晚期,就现存情况看,其中大概以莫高窟第154窟为最早者,但该窟目前所见也只有蕃装生活风情画,说明蕃装生活风情与生产风俗画是吐蕃统治时期石窟中出现的最早者。吐蕃赞普听法图出现于吐蕃统治敦煌晚期的石窟,如莫高窟第231、237、135、159、359诸窟,而蕃装供养人像可能出现最晚,因为我们在839年建成的莫高窟第231窟也没有发现。绘制蕃装供养人像的洞窟一般是吐蕃统治敦煌末期才建造的,如莫高窟第359、135等窟。重修前代洞窟的蕃装供养人像的绘制和重修时间也应该在吐蕃晚期。这样看来,蕃装供养人画像出现在敦煌石窟中可以说只有短暂的一瞬间。所以,蕃装人物形象大多出现在蕃占后期和晚期的敦煌石窟中,除塑像外,壁画按先后顺序为生活风情、赞普礼佛、供养人。这就又为我们从事吐蕃石窟历史研究提供了可以借鉴的资料。

包括赞普听法图在内,蕃装人物画像在蕃占时期的敦煌石窟中出现的数量并不多,说明敦煌地区并没有从根本上接受吐蕃统治,他们从骨子里还是心仪大唐。9世纪后期的敦煌文献《张淮深变文》中有一段描述:

---

①2008年8月5日,西藏社会科学院研究院巴桑旺堆先生现场考察译文为"[曹德君?]作圣者之一铺,此为上师(?)功德之祈愿!"

莫高窟第135窟赞普听法图

　　尚书授敕已讫，即引天使入开元寺，亲拜我玄宗圣容；天使睹往年御座，俨若生前。叹念敦煌虽百年阻汉，没落西戎，尚敬本朝，余留帝像；其于(余)四郡，悉莫能存。又见甘凉瓜肃，雉堞雕残，居人与蕃丑齐肩，衣着岂忘于左衽；独有沙洲一郡，人物风华，一同内地。天使两两相看，一时垂泪；左右骖从，无不惨怆。①

　　这是吐蕃结束对敦煌统治后不久的河西社会的真实写照：敦煌以东的州郡虽然也已归唐，但吐蕃时期的生活习俗还没有完全改变，而只有敦煌似乎很快从各方面摆脱了吐蕃的习俗。

---

①向达、王重民等著：《敦煌变文集》(上)，人民文学出版社，1957年，第124页。

莫高窟第9窟各国王子听法图

　　至于吐蕃结束对敦煌的统治以后的蕃装人物,只有舞伎和赞普听法:舞伎只出现在莫高窟第156窟中,赞普听法在张曹归义军时期的诸多大窟如莫高窟第9、138、98、61、454等窟中都有绘制,但这时的赞普已经不是敦煌的统治者,而是作为敦煌周边残余势力的首领,或是以一个部落类、酋长类的身份出现;开始时他的身边还有一名侍从,但后来也只是一个人夹杂在各国王子群列之中。这也反映了吐蕃统治在河西一带的影响。①赞普听法在蕃占之前的石窟各国王子听法图中没有发现,蕃占时出现也到了晚期,但到蕃占结束后半个多世纪又重新出现,这种历史现象也值得注意。

　　(原刊于《敦煌吐蕃统治时期石窟与藏传佛教艺术研究》,甘肃教育出版社,2012年)

---

①马德:《"特蕃"考》,《兰州大学学报》(社会科学版)2006年第5期。

# ཁྲོམ 词义考

ཁྲོམ(Khrom)一词,至少在十几份敦煌藏文写本中出现过。按现代藏文理解,其词意大概有两个方面的内容:一曰"市场""集市""众人集中之处""城市";二曰"军队""军旅"。因此,国内外藏学家们通常译成"市场"[1],也有译为"军团"的[2]。

在著名的吐蕃编年史中,"ཁྲོམ"出现了三次。第一次出现在鼠年(676年,唐高宗仪凤元年)条,其中讲道:这年夏天,吐蕃大相赞悉若引兵至突厥,"ཕྱུག་བུ་ཁྲོམ་འཚལད་པར"。国内外藏学家对这句话的翻译主要有以下几种:

1."东布前往赤雪湖参观市场"[3];

2."(赞悉若)向赤雪城供菜"或曰"董卜躬自收克热木"[4];

3."董卜乞力徐,收复高昌郡"[5]。

与"ཁྲོམ"连接的"འཚལད",是一个应用范围比较广的动词,它的意义随前置名词而定。由于对"ཁྲོམ"的理解不同,所以对这句话的解释就出现了上述状况。

因为"ཁྲོམ"一词涉及吐蕃及古代西北少数民族的许多历史问题,所以就十分有必要对它的意义做出比较准确的解释。

1979年,匈牙利藏学家G·乌瑞发表了《KHROM(军镇):7—9世纪吐蕃帝国的行政单位》一文,专门对"ཁྲོམ"进行了研究和解释。他认为,"ཁྲོམ"是7—9世纪吐蕃统治者设在边境地区的带有军事性质的行政单位。这篇文章由荣新江翻译后发表在

---

[1] [匈]乌瑞著作,荣新江译:《KHROM(军镇):公元七至九世纪吐蕃帝国的行政单位》,《西北史地》1986年第4期。

[2] [匈]乌瑞著作,荣新江译:《KHROM(军镇):公元七至九世纪吐蕃帝国的行政单位》。

[3] [法]石泰安著,耿昇译:《西藏的文明》,西藏社会科学院,1985年。

[4] [美]张琨著,李有义、常凤玄译:《吐蕃历史文书分析》,《民族史译文集》1981年第9期。

[5] 王尧:《敦煌本吐蕃历史文书》,民族出版社,1980年。

《西北史地》1986年第4期上。荣新江据乌瑞的英文解释,将"ཁྲོམ"译成"军镇、将军"。结合吐蕃时期的历史情况分析,乌瑞先生对"ཁྲོམ"含义的解释确有可取之处。

1985年,王尧、陈践先生在乌鲁木齐中国敦煌吐鲁番学会学术讨论会上,提交了《吐蕃兵制考》一文(后来发表在《中国史研究》1986年第1期上),对他们以前将编年史中"ཁྲོམ"译为"高昌郡"做了修正,新定其名曰"行军衙/将军",释其意为吐蕃军队用来协调氏族(部落)间统一行动的一种联盟形式,并说P.t.1083号写本末尾那颗方印中的"ཁྲོམ་ཆེན་པོ"反映了这种性质。作者用有关汉文史料做了对照后认为,"ཁྲོམ"是吐蕃军队在外线行动时总兵之称。文中特别引用敦煌汉文文书中的"大蕃瓜州节度行军并沙州三部落"来证明"这个意味"。需要指出的是,该文引用的这句话,出处不是文中所说的P.2449V,而是P.4638及P.4640之著名的《阴处士碑》,该文称此句转引自戴密微《吐蕃僧诤记》。经查,戴书此句亦是解释P.2449V时引自《阴处士碑》的[①],而且,这句话里并没有"行军衙、将军"的"意味"。请看原文:

　　弟嘉珍,大蕃瓜州节度行军并沙州三部落仓曹支计等使。

很明显,在这里,"行军"是吐蕃节度幕府中下层官员的官名,类似后来归义军节度使政权中的"押衙",为散官,它与"ཁྲོམ"毫无关系。因此,从这个意义上讲,《吐蕃兵制考》中的解释尽管是最新的解释,似乎还不能准确反映"ཁྲོམ"的内涵。

现将敦煌藏文文书中除编年史之外的写卷中有关"ཁྲོམ"的记载列举数例:

(1)P.t.1078:一份有关沙州悉董萨部落居民土地纠纷的诉状:"蛇年夏天,(瓜州)ཁྲོམ会议";

(2)P.t.1079:某比丘尼关于所收养女奴归属问题的诉状:"羊年……于(瓜州)ཁྲོམ举行会议";

(3)P.t.1081:一份发自河州的关于奴婢所有权的诉状之首:"ཁཞ་པ་ཡས་ཁྲོམ་ཆེན་པོ";

---

①[法]戴密微著,耿昇译:《吐蕃僧诤记》,甘肃人民出版社,1985年。

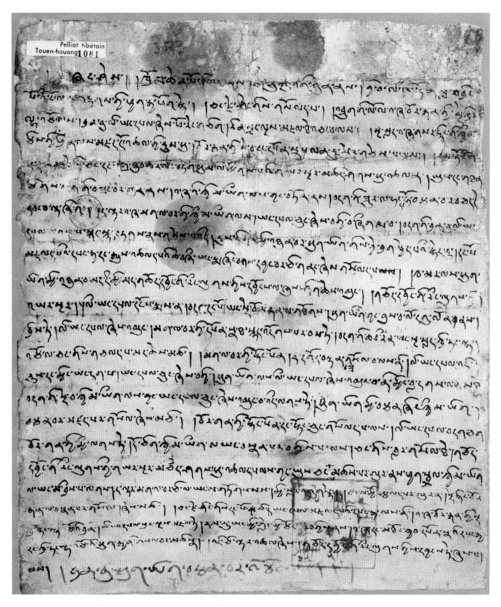

敦煌遗书 P.t.1081

(4)P.t.1083：一份关于吐蕃贵族掠夺沙州汉人女子的诉状，末尾方印中鸟形图中的印文如下："ཤ་ཅེན་པོ"；

(5)P.t.1088："兔年春，གཙ(瓜州)ཆོ在སུག་ཅུ(肃州)举行会议"；

（6）P.t.1089：一份关于蕃官品阶的诉状，"ཀུན་ཆེས་ཆེན་པོ""མཁར་ཚན（ཁར་ཚན）"；

（7）P.t.16："དབྱར་མོ་ཐང（野猫川）ཁོམ་ཆེན་པོ"。

上例（4）中所记述的吐蕃贵族掠夺沙州汉人女子事件，在9世纪的敦煌汉文书中也有记载；（7）的出处P.t.16，国内外专家们认作是《圣光寺功德颂》，而此文的前半部分在敦煌汉文文书P.2765V有抄件，据"功德主"尚纥律心儿之事迹，知其为9世纪前期的作品；又，该卷之地名"དབྱར་མོ་ཐང"在8世纪时藏汉合璧的《恩兰·达札路恭记功碑》中也出现过，但没有和"ཁོམ་ཆེན་པོ"连起来，这说明记述"དབྱར་མོ་ཐང"之"ཁོམ་ཆེན་པོ"一词也是9世纪以后出现的。瓜州和河州都是吐蕃攻占的唐朝领土，很明显，"ཁོམ"是吐蕃设在这些新占领地区（边境地区）的统治、管理机构和职务的名称，它的出现不会早于9世纪初。用这个名词记述9世纪以前吐蕃的边境机构及职务名称，也是9世纪初期以后的事。

在敦煌汉文文书中，吐蕃设在瓜州的统治机构的名称，随着吐蕃对敦煌的进攻、占领和在敦煌统治的逐步稳固而不断变化着：

（1）P.3726V："大蕃瓜沙境大行军衙"；

（2）P.2991V："瓜沙大行军都节度衙"；

（3）P.3770V2："瓜州大节度使论颇热遏支"；

（4）P.2449V："瓜州节度尚论悉乞利塞去罗"；

（5）P.4638及P.4640："大蕃瓜州节度"。

以上记载中，（1）为8世纪后期吐蕃进攻敦煌时期的名称。（2）为8世纪末期吐蕃占领敦煌后的名称，余均为9世纪以后的名称。同前述藏文名称对照可知，吐蕃进攻敦煌时称"行军衙"，吐蕃占领敦煌初期，称"瓜沙大行军都节度衙"，这些都是8世纪后（末）期的事。以此类推，9世纪时受理吐蕃贵族掠夺沙州汉人女子事的"ཁོམ་ཆེན་པོ"（P.t.1083末尾鸟形方印中）就应该是P.3770之"瓜州大节度"，即P.t.1088、P.t.1089中之"ཀུན་ཆེས་ཆེན་པོ"；P.t.1078、P.t.1079、P.t.1088之"ཀུན་ཆེས"，P.2449之"瓜州节度"。又，P.t.1081盖有汉文"河州"字样的方印，文书开首之ཧཝེ་ཅིའུ་ཁོམ可能就是P.3770V1之"何周（河州）节度尚乞悉加"。因此，"ཁོམ"一词只能作"节度、节度使"理解。

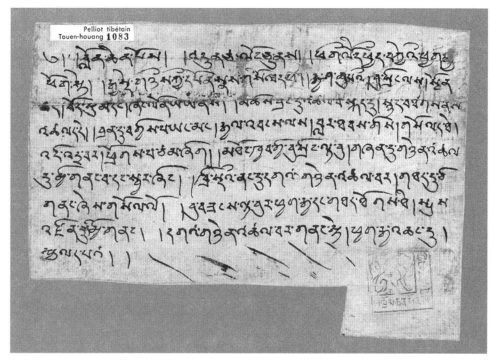

敦煌遗书 P.t.1083

Fr.80是一份关于沙州情况的报告,其中谈到十多年前的沙州汉人反抗一事,对镇压这次反抗的机构也称"ཁྲོམ"①。据敦煌汉文文书S.1438记载,反抗的汉人被俘后被"枷送瓜州"。所以,这个镇压汉人反抗的"ཁྲོམ"就应该是"瓜州节度"。这份报告写于9世纪初年。

Ch.73.V.14是一份吐蕃在敦煌的统治被推翻后,新建的河西归义军节度政权的官文书,其开首即"བོག་ཡས(仆射)ཁྲོམ་ཆེན་པོ་ཤའ་ཅུ(凉州)ནས",接着又有"ཤ(沙州)དང་ཀ(瓜州)ཕེ(刺使)"等职务和"སུག(肃州)"等地名②,这些都属于河西归义军节度使政权统辖时期,节度使张议潮又具衔"尚书左仆射"。因此,这里的"ཁྲོམ"除"节

<hr/>

①原文见(英)托玛斯《新疆藏文文献选》第二卷第47页。

②见[英]托马斯《新疆藏文文献选》第二卷第49页。

度使"外别无他意。乌瑞先生在谈到这份文书时也肯定了这一点①。

根据以上情况,编年史中741年条下于晓顿之尚园(在今青海境内)赞普驾前的"ཁྲོམ་གྱི་འཁོས་ཆེན་པོ་བཙུགས"就应译为"制定管理边境军政(节度)之大政令"。因为在当时,吐蕃已经进行了近百年的扩张兼并战争,唐朝和周围许多少数民族的大片领土被占领和统辖,且扩张战争还在进行,新占领的地区需要有固定的机构来管护和治理,这就是仿效唐制设节度使政权和委派节度使。从这个意义上讲,吐蕃在本土以外的占领区设立节度使机构当从741年始。(当然,如前所述,记述这一机构的专用名词ཁྲོམ却在半个多世纪后才出现)

这里又有一个问题:编年史中出现"ཁྲོམ"一词是在676年,那时,不要说吐蕃,就连唐朝也无节度使设置(唐最早设节度使是在710年)。所以,676年的"ཁྲོམ"就不可能是节度使,而应该有别的含义。

魏晋以来,中原王朝在地方委派的官员大都以"都督"称,其办事机构为都督府,唐朝设立节度使以前也用这一名称,而后来的节度使政权之办事机构亦是所在州的都督府。都督府分上、中、下三等,节度使政权所在州一般为上都督府,通常由节度使本人兼任都督,所以人们平时又称节度使为都督。下属州也设都督府及都督,但它低于前者。所以,笔者认为"ཁྲོམ"可能也包含"都督府"或"都督"意义,如P.2974及P.3395称尚腊赞为"都督公"。

7世纪时,唐朝在西突厥所在地四镇设安西都护府,670年因吐蕃攻占而罢,692年武则天派王孝杰收复。这22年间,唐蕃就四镇的争夺有过多次战争,但唐军始终未得手,四镇一直为吐蕃所控制。ཞི་ཁྲོམ即为四镇属地。从当时的历史情况看,吐蕃在已占领多年的四镇设置一个军政合一的机构来进行治理是完全可能的。所以,676年的"ཁྲོམ"只能作都督府或都督来理解。当然,编年史虽然记载的是7—8世纪的事,但它的成书当在9世纪以后,对676年的记事,应当是以后代词追忆前代事

---

① [匈]乌瑞著,耿昇译:《吐蕃统治结束后甘州和于阗官府中使用藏语的情况》,载《敦煌译丛》第一辑,甘肃人民出版社,1985年。

时,将"节度"与"都督"混为一谈。

"都督"一词,在敦煌藏文中也出现过:Fr.80中有"ཏུག་ཅེར",可能是汉文"都督节儿"的对音,写本后面讲到作者本人亦曾任"节儿"(ཅེར)之职。据P.3726V、P.2991V,此"都督节儿"为节度使所辖州官,似乎还无法同"ཁྲོམ"联系起来。这其中的奥秘,还待进一步探讨。

诚如中外专家所论,"ཁྲོམ"一名在吐蕃本土的行政机构中没有出现过,它是吐蕃在新占领地区(边境地区)仿照唐制而设置的军政合一的统治机构及委派的统治者,这就是:节度衙/节度使(都督府/都督)。

(原刊于《中国藏学》1992年第2期)

# "外甥阿夏王"墓主身份及相关问题漫议

2018年青海都兰血渭一号墓"外甥阿夏王"(ཚ་བོའི་འ་ཞ་རྗེ)印章的出土,引起国内外的高度关注①。我个人对此没有深入的研究,但得到藏学界和考古学界诸多师友的指导帮助,撰就小文,从印章、敦煌文献及鲜卑金银器等方面谈几点认识,以求教于方家。

## 一、印章是身份的象征

汉代以来,印章(玉、金等材质)在我国普遍使用,它就是一种身份和地位的象征。这个问题似乎没有再议的必要。我这里也就大家熟悉的史料举例说明一下。②

汉晋王侯印,这个到处都有:

滇王之印 (国家博物馆藏)　　关中侯印　　官内侯印　　官内侯印鲁博　　广陵王印

---

①《"外甥阿柴王之印"血渭一号墓墓主人身份和族属确定!专家论证:青藏高原划时代的重要发现!》(网络资料,2021年1月)。《青海都兰热水2018血渭一号墓:木石五神殿,壁画彩棺全》,(网络资料,2019年5月)。

②参见《两汉魏晋金印图鉴:王侯将军章金质官印印面印蜕》,(网络资料,2018年)及各种相关图录。

汉晋时期的王侯官印

汉晋时期,朝廷封边疆诸民族首领为王为侯,并赐印:

汉晋时期的边疆王侯印

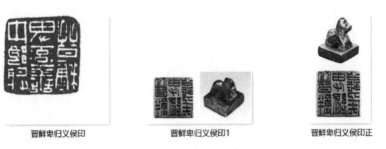

鲜卑归义侯印章

其中就有鲜卑归义侯印。

在敦煌吐蕃文献中,多见官府或高僧用印:

部分敦煌吐蕃文书和印章

以上,印章都是主人身份和地位的象征。

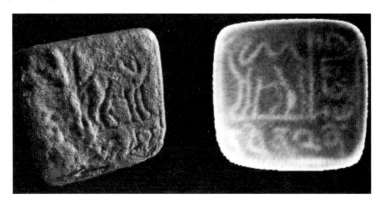

血渭一号墓外甥阿夏王印

因此,血渭一号的外甥阿夏王印,自然就应该是墓主人的身份。

## 二、阿夏王即吐谷浑慕容氏王

印章是一方面。问题在于这个外甥阿夏王是否为吐谷浑王?我认为已经通过高科技手段检测和鉴定、又经专家们考证认定的吐谷浑王莫贺吐浑可汗(其母吐蕃墀邦公主)应该是正确的。相关的证据和理由已发表很多,笔者不再重复。另外提供两点依据:

一是敦煌藏文文献记载的阿夏就是吐谷浑,也叫退浑。汉文史籍叫阿柴,但敦煌的藏汉文对照写本(P.2762V)上清清楚楚地写着 即退浑, 即退浑王(右图),此 与印章上的 文字丝毫不差。这里还写有汉( )与汉天子( )、回鹘( )与回鹘王( )等民族的汉藏文。这份文献写于敦煌张氏归义军时期,当时的吐蕃语是吐蕃曾经占领区各民族间的通用语言,特别是官方文书通用语言。假如说,即使印章上的阿夏与汉文史籍中的阿柴不是一回事,敦煌文献这一最原始的记载应该不会有误。

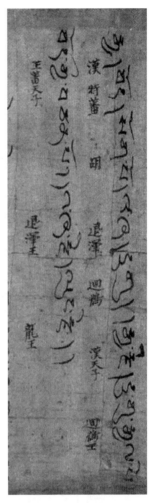

敦煌遗书 P.2762 背字书

二是最重要的一点,即慕容氏自古就有发达、先进的金器加工和使用的历史渊源。作为鲜卑族的一支,慕容氏是从东北来到西北的。早在汉晋时期,鲜卑族就已经有了较发达的经济文化。这一点体现在东北的鲜卑贵族墓出土文物方面,特别

是出土的各种金器和金饰。[1]最著名的就是金饰品,如收藏在辽宁省博物馆和内蒙古等地的慕容鲜卑金饰品:

慕容鲜卑早期金饰品

我们再看血渭一号墓和周边其他墓葬出土的金饰品:

血渭一号墓金饰品

将两者相比较,空间上由东北向西北,时间上由汉到唐,一脉相承,特别是动物金饰很有特点,虽然相隔五百年,但也还是很像出自一人之手。这就体现出一种古老民族工艺的传承。

所以,血渭一号也好,周边其他一些墓葬也好,应该都是古老的鲜卑族的慕容家族,特别是王公贵族之墓。

### 三、鲜卑慕容氏的强盛和繁荣

鲜卑属东胡族的一支,很早就活动于中国北方的广大地域内,东汉时期即见于

---

[1]郝柯羽:《试论鲜卑人体金饰品发展的阶段性特征——基于数量统计的考察》,《文物春秋》2019年第3期;《金色荣耀:丝路、黄金草原与游牧文明影响下的著名金器》(网络资料,2018年)。乌兰托亚、孔群:《鲜卑民族的金银器》,《内蒙古画报》2007年第4期;张景明、赵爱军:《鲜卑金银器及相关问题》,《内蒙古文物考古》,2002年第1期,等。

史籍。魏晋时期慕容氏与拓跋、段、宇文、乞伏等成为鲜卑族大部落,先后称雄我国北方数百年。其中慕容氏在十六国时期就先后建立前燕、后燕、南燕、西燕和北燕政权。其中一支很早就到了甘肃、青海一带,这就是后来先臣服于唐、后归属吐蕃的吐谷浑王国。但在吐蕃兴起之前,有赖于鲜卑族老祖宗奠定的基业,吐谷浑一开始就很强大。作为一个游牧民族,有着先进的金器加工技艺,又历来十分重视商业贸易,因为地处偏远,长期以来并没有对其他民族构成威胁,而是利用这一地区丰富的资源继续发展牧业与手工业,并与周边民族友好交往,共同进步。

据说鲜卑族原本是有文字的,但是在北魏孝文帝改革后被禁用,改用汉文。我们看到的鲜卑金饰器上刻的是汉文。所以到后来,无论是臣服唐朝还是归属吐蕃,作为鲜卑族慕容氏都能够入乡随俗,使用汉文或吐蕃文,遵守唐朝或吐蕃的各种制度。

至于金饰器图案纹样的中亚元素,这个也好理解,是这个广阔的地域内各民族间相互交流的结果,吐谷浑作为慕容鲜卑,吸收和整合外来文化是他们的长处。中亚金饰器受到鲜卑影响,即粟特地区流行的金饰也受到吐谷浑的影响,或者说直接是由吐谷浑加工制造的——据说这方面也有记载。

鲜卑族的历史远比吐蕃历史悠久,繁荣强盛的时间更是早于吐蕃,汉晋时期鲜卑族慕容王国的经济文化要比唐朝吐蕃发达,金银器后来在吐蕃广泛应用,也应该来源于慕容氏的传播。慕容氏西迁并长期定居青藏高原一带,对吐蕃及周边社会的进步发展也起到促进作用。

### 结论:吐谷浑墓

诚如专家们所认定的,都兰血渭一号墓是吐谷浑王墓。历史上,中国各族人民都对中华民族的繁荣和发展作出过巨大贡献。尽管有一些民族已经融合于中华民族大家庭而消失在历史长河中,但他们的贡献不仅永垂史册,而且不断为考古发掘所证实。血渭一号墓等即是鲜卑族的铁证!

另外,相关的吐谷浑墓葬棺板画上的吐蕃装人物,是吐蕃占领时期对统治区内所有住民的强制性要求,如吐蕃时期营造敦煌石窟的蕃装供养人像,有题记证明其大多不是吐蕃人;①慕容氏在敦煌壁画中的供养像一般着汉服,在吐蕃管辖时期着蕃装也就顺理成章。这一方面也展示出鲜卑慕容能够入乡随俗,对异族文化的接收和融合能力之强大。

[原刊于《西域研究与中国文明溯源学术研讨会文集》,2022.7,西宁(内部印行);又,敦煌研究院网站https://www.dha.ac.cn/in fo/1018/3187.htm.]

---

① 马德:《小议敦煌壁画中的蕃装人物》,载《敦煌吐蕃统治时期石窟与藏传佛教艺术研究》,甘肃教育出版社,2012年。

# 论敦煌在吐蕃历史发展中的地位

## 序 言

吐蕃起源于公元前后,最初是分散在青藏高原各地的原始农牧业部落,大约从600年开始,高原诸部落中最强盛的雅砻部落渐次兼并了其他各部落,统一了青藏高原。此后不久,吐蕃在民族英雄松赞干布地统领和治理下,平定内乱,安抚周边四境,创造文字,制定法律典章,引进佛教,通好天竺,特别是与唐朝和亲,结甥舅之好,学习唐的先进文化,使之成为中国历史上由藏族先民所建立的一个强大的奴隶制王朝。从7世纪下半叶开始,处于奴隶制上升时期的吐蕃王朝,发动了对周边的掠夺战争,占领了唐朝及西域各国的大片领土。在8、9世纪的百余年间,其统治了中国西南、西北及中亚的广大地区。当时地处中西交通要道上的重镇敦煌,也在吐蕃管辖和治理的范围之内,并且雄居东西方之中部,与吐蕃首府拉萨南北相望。

吐蕃王朝从雅砻河谷的农耕开始算起,前后近千年。藏、汉文史籍都叙述过吐蕃历史文化的辉煌,但无论是在吐蕃本土西藏,还是在当年吐蕃占领过的广大地区,能够证明吐蕃历史文化辉煌的遗迹遗物却罕见。只有在吐蕃曾经占领和治理过的敦煌,我们才看到了大量的吐蕃历史文化遗迹,以及保存得十分丰富、集中的吐蕃史料,这些数据在吐蕃本土及其统治过的其他地区都没有发现过。因此,它是研究吐蕃历史文化最权威的文献资料。它向我们展示了吐蕃治理敦煌时期,曾经在敦煌集中了一大批汉、蕃和西域各民族的文化人,几代吐蕃赞普在敦煌指挥作战和处理政务,吐蕃王朝也在敦煌大举进行封建改革,大力发展农业、林业、畜牧业和手工业,促进了吐蕃社会的重大变革。吐蕃王朝担负起保护和管理中西经济文化交流的通道——丝绸之路的艰巨任务。赞普的王妃和宰相在这里组织和主持了佛经的翻译、抄写和传播事业。

敦煌的吐蕃历史文化遗迹,反映的是吐蕃历史上发达先进的文化。所以,敦煌在吐蕃历史文化的发展史上有着重要的地位,起过重要的作用。我们可以从如下这些方面去认识:

## 一、敦煌的文化底蕴对吐蕃统治的影响

敦煌是一方热土。境内的雅丹地貌向我们展示了亿万年间自然在这块土地上的神奇变迁,是我们能在地球上看到的独特的史前遗迹。而敦煌有人类活动的历史已有3000多年,其中有文字记载的历史也有2000多年。远古时代,敦煌为西戎地,先后有塞人、乌孙、月氏、匈奴等游牧民族在这里活动。玉门火烧沟及其他新石器文化遗迹,是相当于中原青铜时期留下来的敦煌"远古"历史遗迹,表明在公元前1000多年前,敦煌就已经有了发达的农业文化。西汉时期敦煌设郡,北魏时为敦煌镇,隋唐以后为瓜州、沙州,现为敦煌市。历史上敦煌曾是割据政权西凉国和西汉金山国的国都,北魏时期的敦煌镇曾管辖了我国西北的大片地区。因为敦煌地处亚洲腹地,是我国与他国进行经济、文化交流的历史重镇,是中外历史文化交流的中心地带。敦煌的历史文化是在中华民族传统文化的基础上,吸收了各地的优秀文化所形成的具有世界性的文化。加之敦煌又有效地保存了这种文化,所以敦煌文物又被看作是人类古代文明的结晶。敦煌就是以这样的辉煌迎来了吐蕃的管辖和统治。

不仅如此,吐蕃占领敦煌时,敦煌还聚集了大批汉人,他们在吐蕃攻取河陇时逃离故土,最后流居敦煌,其中不乏官吏和文化人。这就使敦煌汉唐文化的基础更加雄厚和牢固。因此在吐蕃进攻敦煌11年以后,汉人争得了"毋徒他境"的条件,有效地保存了敦煌传统文化。

## 二、吐蕃在敦煌的政治制度

据敦煌文献记载,在吐蕃占领敦煌初期的十年(777—787年)中,不服统治的

臣民曾数次举行武装反抗,吐蕃政府任命的沙州节儿也被迫投火自焚。吐蕃统治者因此不得不改变其统治办法,首先是向敦煌委派了一位新节儿,这位新节儿到任后,采取了比较先进的封建制度以适应当时生产力的发展,也使吐蕃社会向前迈进了一大步,这是汉藏相互学习的结果。

吐蕃管辖敦煌后,改变了沙州原有的建制,取消了河西节度使、州、县、乡、里的体制,而改为吐蕃建制。据敦煌遗书所提供的资料,当时敦煌十三乡的名字被取消,代之以纥骨萨部落、悉董萨部落、擘三部落、上部落、下部落、行人部落、丝绵部落、獠笼部落、中元部落、悉宁宗部落、通颊军部落、僧尼部落及道门亲表部落等。部落即千户,千户之下是五百户组成的小千户,置小千户长一人,再其下是百户,由百户长"勒曲勘"管制,另设小百户的"格儿",最后是十户组织,有十户长"勒勘"。吐蕃所推行的部落、将制是集政治、经济、军事三位一体的组织系统,即官府的户籍制度,这种记载详细的户籍,当时也称作"牌子"。严密的户籍制度对吐蕃有效统治敦煌起了很大作用。

敦煌佛教势力极盛,吐蕃人也信奉佛教,使得汉文化又得到佛教的庇护。敦煌士族势力强大,吐蕃统治者对他们无可奈何,还得利用他们维持统治。正是士族长期以来在文化上的特殊地位,使得文化有了抗拒吐蕃化的实力。吐蕃统治时期,河陇出现了吐蕃化的趋势,汉唐文化逐渐消失。而敦煌顽强地抵制了这股潮流的冲击,保持了文化上的独立性,这与敦煌所具特殊条件密切相关。吐蕃在占领河陇之后,以本土的司法制度作为蓝本,吸收甚至模仿当地唐时的司法制度,从而形成一种具有新特点的司法体系。这一时期司法制度的特点就是行政和司法相混同,在吐蕃中央有刑部尚书负责司法审判,但赞普始终控制着司法权,地方司法机关仍由行政机关兼理,地方长官能够利用行政权力干预和操纵司法。佛教界也介入司法系统,参与审理与佛教有关的案件和一些与佛教无关的重大案件。节度使本人也负责审理一些重大案件。在州一级,节儿、乞立本(万户长)、都督、僧统等僧俗官员都有权主持审理本州的民事、刑事案件。都督一般主持案件的初审,此后还要向瓜州节度使衙署大理法司请求复审并进行最终裁决。州一级的僧官除了与节儿、都督等世俗官员一起审理一些与寺院僧尼有关的案件外,还参与审理一些与寺院无关的要案。在基层,部落使等官吏对所辖民户的奴婢买卖等民事案件也有一定的审判权和调解权,如民户对处理意见不服可以上诉。从相关文献的记载看,在敦煌,绝大多数司法官员是由行政官员来担任的,因此我们说此时的行政与司法是相混同的。

同时,吐蕃统治者还大量任用流落敦煌的唐朝官吏和敦煌当地的士族人士担任基层政府的官员,采用唐人治唐的措施,有效巩固了吐蕃在敦煌的统治,也使得唐朝先进的经济、文化在敦煌得以生存和发展。

### 三、吐蕃封建经济的确立

吐蕃统治敦煌时期,在敦煌看起来是倒退,这是就敦煌地区原有的封建经济而言,但就吐蕃王朝和整个吐蕃民族来讲,却是极大的进步——吐蕃在敦煌完成了奴隶制向封建制转化的历史变革——在吐蕃的经济、文化及对外交流方面有力地证明了这一点。

在赞普的主持下,吐蕃在敦煌的农业、牧业、手工业等得到建立和发展,促进了吐蕃社会的变革。

吐蕃统治敦煌时期,改变了唐代前期实行的均田制,实行突田制。以突作为土地的计量单位,计口授田,大体上是每人一突。土地税被称为"突田",交纳"突田"被称为"纳突"。虽然受到吐蕃奴隶制的影响,但这种土地制度的封建性质还是十分明显的。从敦煌文献所保存的收缴税赋的账目"突田历"情况看,在突田制度下有纳突户和"不合纳"的减免户,像沙州左三将下的纳突户,一般要向常乐交纳一驮半,向瓜州交一驮,其余数目则分别交往蚕坊、寺院,另一些数目则由本将中的人户经收。当时一般的寺院都收取官府的布施,称为官僚,这种官僚有时由纳税户直接交给寺院,然后将该数额在该户应纳税额中扣除。突田税交纳的物品有小麦、青麦、布、油等。虽然纳突与计口授田有关,但突税并不是按田亩数或按丁交纳,而是按户交纳,其税额是每户八驮上下。突田制下的敦煌百姓,除了纳突之外,还有差科即还要服官府的徭役。差科包括身役、知更(守夜)、远使(派往远处当差)等。

据《白史》记载,敦煌文书中,有一份大尚论发给沙州官吏的公函,来信称其不许侵夺百姓的林园。信函中还称,吐蕃的"沙州大王"拥有多处林园,用以每年向吐蕃王廷及将帅进贡冬梨,由吐蕃移民敦煌,"南尼婆罗"的小康人家"每户亦各植一小园。"可见当时敦煌地区有相当规模的经济林园,展示了吐蕃时期林业的发展及统治者对其的重视。

吐蕃统治时期,敦煌的汉藏文文献对寺院经济的记载比较丰富,敦煌的寺院经济是一百多年来国内外学术界十分重视的课题,成果累累。从这些记载及研究成果看,吐蕃统治时期敦煌地区的手工业十分发达,寺院的"寺户"中有固定的各行各业的手工业劳动者,各类系列,分工细致,有生产工具和生活用具的制作、粮食及各类农牧业产品的加工、建筑修造等工匠。一部分工匠属于官府管辖及还有一部分自由民身份者。发达的手工业是吐蕃封建经济发展的重要标志。

无论是汉文史籍还是藏文史籍,都对吐蕃封建经济的发展没有任何记载,但大量反映在敦煌藏汉、藏文文献之中,充分说明了曾一度作为文化中心的敦煌在吐蕃历史上的重要地位。

### 四、以译经、写经为主要内容的佛教文化事业

敦煌莫高窟藏经洞1900年出土的藏文文献,又称敦煌吐蕃文献,数量巨大,内容丰富。目前这部分文献收藏于世界各地,大体情况是海外近5000件(号):其中法国国家图书馆3375件,英国国家图书馆1370件,俄国藏214件。国外藏品主要是斯坦因、伯希和劫走的部分。斯坦因劫走部分目录早有刊布,伯希和劫走部分的目录目前只有一部分刊布,即拉露目录2216号,还有1100多号(页)未有详细目录刊布。国内北京中国国家图书馆所藏及各地公私零星收藏近300件。甘肃各地藏敦煌藏文文献,分属于十家单位和一家私人所藏,共编6741号(件),其中敦煌市博物馆6134号、甘肃省图书馆351号、敦煌研究院162号。据此,敦煌藏文文献的总数约12000件。

　　敦煌吐蕃文献同汉文文献一样,分为文书和写经两大部分。文书部分,根据国内外专家们的研究,大致可分为历史文书、军政文书、经济文书、法律文书、科技文书、教育文书、宗教活动文书、民族关系文书、象雄语文献等。敦煌吐蕃历史文书包括吐蕃历史大事记年、小邦君臣世纪、赞普相论世系、赞普相论传记等,记录了吐蕃的起源、发展、强盛和衰落的历史及吐蕃社会状况等。军政文书包括吐蕃王朝的各级官员处理各类军政事务的记录。法藏文献中有吐蕃职官制度方面的文献,我国藏品中有一部分吐蕃大臣之间处理军政事务的往来书信。经济文书分社会经济文书和寺院经济文书两类,社会经济文书中有部落和田亩籍账类文书,有寺院财产登记及借贷文书。法律文书包括契约文书和诉讼、诊讼文书。科技文书包括天文历算、手工工艺、医学药学等文书。教育文书包括给人们行为规范的文书、语言文字文书、汉文经籍文书的翻译、印度文学史诗的翻译等。宗教活动文书包括佛事活动的愿文、苯教活动文书、占卜文书等。民族关系文书包括北方诸邦国王统、吐谷浑史事系年、与回鹘的关系、处理汉蕃民众纠纷文书,以及历史文书中所涉及的民族关系方面的记载。

　　敦煌藏文写经主要分两大类:第一类是卷轴装的《大乘无量寿经》,第二类是梵夹装的十万般若颂,另外,写经的内容还有一定数量的《心经》《大宝积经》《金光明经》《贤愚经》等。同汉文写经一样,藏文写经中有一大批"报废经叶",这类写经均为单纸,一般都有朱笔圈点、打叉,首尾批语,中间剪断、剪边等痕迹,批语中明确指出其为报废经叶。但由于当时纸张非常珍贵,这些报废经叶并没有被毁,而是保存了下来,有些还在空白处书写其他社会文书,加上原有的卷目、品名及写经、校经题记,使这些经叶具有写经与文书的双重性质,价值意义更大。我国的敦煌市博物馆、甘肃省图书馆,以及法国国家图书馆藏品中均有一定数量的报废经叶,但这部分文献一直没有引起研究者的重视。

　　在敦煌藏文写经中,发现和初步确认了一些重要的历史人物的写经、校经题记,如吐蕃第三代法王赤德祖赞(可黎可足)的王妃白吉昂茨、高僧宰相(教相)钵阐布贝吉云丹,以及著名高僧法成等。日本学者上山大峻曾就敦煌吐蕃名僧法成事迹,根据英、法所藏做过统计和介绍。但对王妃和宰相等人物,目前还是首次发现和确认。藏文史籍中有关昂茨与云丹有不正当关系的传闻,历来为藏史学家津津乐道,而从敦煌文献中关于他们二人长期滞留敦煌看,那些传闻并不一定是空穴来风。

敦煌文献中还有大量吐蕃时期的汉文写经与记载吐蕃历史文化的汉文文献,虽然没有确切的统计数字,但从众多专家学者研究和使用的情况看,也应该有数千件。写经部分也有大量的《大乘无量寿经》《大般若经》(即吐蕃文之《十万般若颂》)内容,有许多写经生既写汉文经又写藏文经。文书部分记载了吐蕃治理敦煌时期的经济、政治、文化、历史、宗教、民俗风情、民族关系等各方面具体的历史面貌。无论是文书还是写经,都可以与藏文文献相互印证、互为补充。

### 五、吐蕃史传在敦煌编纂的意义

敦煌藏文文献中最著名的吐蕃历史文书中的大事纪年、赞普世系、大论世系、赞普大论传记等,都是成书于吐蕃统治结束之后的文献。这就是说,在吐蕃王朝灭亡后,敦煌还有用吐蕃文记录和整理、撰写吐蕃历史的专门机构。敦煌藏文吐蕃历史文书是目前发现唯一详细而系统地记载吐蕃千年间从起源、强盛到衰落的历史过程的文书。

吐蕃灭亡后,它的历史为什么要在敦煌撰写和保存下来呢?只能说明敦煌就是吐蕃的文化中心,也只有在敦煌才能从事这一工作,吐蕃本土及其所占领的其他地区都不具备这个条件。

在敦煌藏文吐蕃历史文书中,P.t.1288、IOL750号及Or.8212(187)为《(吐蕃大事纪年》,或曰《编年史》),记录吐蕃王朝建立初期和前期的历史记事,目前所见资料于764年截止,似乎带有"实录"的性质。从卷面看,P.t.l288、IOL750是经过整理、编纂和誊抄整齐的"定稿",而Or.8212(187)则是一份草稿,更像是"实录"的原稿。笔者认为后者成书于吐蕃统治时期的可能性较大,而P.t.1288、IOL750为后来整理,其很可能也是在吐蕃统治结束之后。至于P.t.1286、P.t.1287卷《赞普世系》《赞普、

敦煌藏文 P.t.1288《吐蕃史事纪年》

尚论传记》所记的其他内容,均应成书于吐蕃对敦煌统治结束之后。因为P.t.1286
《赞普世系》所记最后一位赞普朗达玛,是吐蕃王朝的末代赞普,下距吐蕃结束对敦
煌的统治有六年时间。这份文献的后部还有残缺,说明成书于吐蕃王朝灭亡之后。
另如《赞普、尚论传记》中时代的前后顺序也有错乱的地方,看得出是草稿,还没有
经过整理。但无论是统治时期还是统治结束以后,这些历史文献及大量的吐蕃文
写经为敦煌所独有,在吐蕃本土及其占领过的广大地区都没有发现过。所有文献
的原成书地点,应该就在敦煌。

记录历史,以史为镜,是吐蕃接受唐朝先进文化的又一标志。中国从传说中的
黄帝时期起就设有"史官"一职,专门记录帝王行踪和国家大事,并在此基础上编纂
史书。唐代以来,官修史书已经成为一项制度,新建立的王朝要为前代修史,这是
义不容辞的。吐蕃统治结束以后,住在敦煌的吐蕃文人们,对吐蕃历史进行全面的
总结和叙述,这也可能是参照汉族的史志编修制度为吐蕃编史修志,总结吐蕃历史
的经验教训,不仅为后人留下一份珍贵的历史文献,也为后世历史的发展提供借
鉴。另外,由此推测,Vol.69,fol.84《吐谷浑编年》、P.t.l283《北方诸邦王统》也应该是
这个时代的历史文献——用吐蕃文编写的民族史志。

历史志书产生在已经灭亡的吐蕃王朝的这一点,就足以说明敦煌在吐蕃历史
发展特别是吐蕃文化史上的突出地位。

## 六、敦煌石窟与吐蕃佛教文化

创建于4—14世纪的敦煌石窟,在吐蕃统治敦煌时期也营造了众多的佛窟,以
图像的形式记录了吐蕃时期的历史与社会。吐蕃时期敦煌石窟的大量营造:据统
计,敦煌莫高窟、安西榆林窟等石窟群,吐蕃时期的佛窟共100多座,其中一半以上
是重修,占整个敦煌石窟洞窟总数的五分之一。虽然当时营造活动基本由汉人完
成,但石窟营造于吐蕃时期,反映了吐蕃特色,记录了吐蕃历史与社会,同样也因吐
蕃的统治而使石窟有了变化:

首先是洞窟建筑形制发生变化——石窟的特色与定型:洞窟建筑形制大多为

西壁顶龛殿堂窟,也有设中心佛坛者,窟形整体更加规则,形如"帐",结合龛形,又形成大帐内套小帐的格局,代表窟有莫高窟第159、231、237、240、359、358、360、361等窟。

其次是窟内经变画的增多,一窟之中,少则几幅,多则十几二十幅,正如记载石窟内容的文献所云:"方丈室内化尽十方,一窟之中宛然三界。"经变画大量出现于一窟,这是石窟历史性变革,它集中体现了佛窟主题思想的多样化特征,以适应人们各种各样的精神需求。

再次是大量的佛教史传画与瑞像图的出现,在吐蕃统治晚期的洞窟壁画中,以小像、单尊像或简单造像组合出现。这些造像有瑞像图和佛教史传画,其中以于阗瑞像居多,集中反映与于阗有关的历史传说或于阗守护神。大量外地瑞像传入吐蕃统治下的敦煌,说明在这一历史时期当地人对佛教的信仰,以及渴望瑞像护佑沙州的心理。

又从形式上看,屏风画与经变画的结合是这一时期经变画的新形式。龛内屏风画取代盛唐的弟子、菩萨像而成为常见的设计布局形式。南、北、东三壁面上,屏风画与经变画的组合取代了初唐、盛唐常见的条幅式画样,形成这一时期经变画别具一格的样式:屏风画位于经变画下部,所画内容是所对应经变画的相应故事画或相应情节内容,具有补充解释经变画图像的功用。这种构图形式便于在洞窟的一壁上布局更多的经变画并表现更详细的佛经内容,更大程度地发挥佛窟的宣传教育功能。

吐蕃统治对敦煌石窟的影响,主要表现在敦煌石窟凸显的佛教社会化的特征。敦煌绝大多数民众信仰佛教,佛教成为人们社会生活的重要内容和精神支柱。敦煌石窟的社会化功能基本定型,历史与艺术在一个特定的时期融为一体,构成了中古敦煌石窟艺术的独特篇章。

## 七、吐蕃在敦煌的东西文化交流

敦煌地处交通要冲,是东西方经济文化交流的重地,吐蕃统治时期也不例外。

敦煌汉藏文文献中均存有相关的记载,如敦煌藏文文献 P.t.0960《于阗教法史》、P.t.1283《北方诸邦王统》就是吐蕃与突厥等各部进行文化交流的历史纪录。

首先,吐蕃担负起保卫丝绸之路的任务,它维系了唐朝退却后西北地区的地域完整性,客观上起到了抵御大食东进的作用,加强同西北各族的关系,如吐谷浑、突厥、回鹘、沙陀、勃律等。

其次,交流是封建经济文化必不可少的内容。吐蕃在经略西北的进程中,西北各族的政治、经济、文化对吐蕃社会产生较大影响,其中以部落制度、军队编制、刑法治罪等较为典型。吐蕃对西北地区的经略,使吐蕃与汉族及其他民族的交往和联系更加密切。吐蕃统治时期,蕃、汉、浑、羌各族军民在一起耕作、生息、彼此通婚,形成了各民族杂居互处,经济、文化、艺术互相交融的局面。

再次,吐蕃文化的主体是佛教文化,敦煌在佛教的大旗下加强各民族文化方面的联系,相互学习。吐蕃统治时期,居住的各民族人民能够和睦相处,佛教作为这一地域文化的主体内容和社会主体意识形态发挥了一定的作用。

## 余　论

吐蕃治理敦煌近百年,对敦煌文化的发展进步和敦煌社会的变革起过重大作用。吐蕃文化对敦煌本土文化产生过重大影响,敦煌石窟内容的包罗万象和功能定型,应该与敦煌作为吐蕃的文化中心密切相关。可以说,敦煌成就了吐蕃,吐蕃也成就了敦煌。吐蕃统治时期的敦煌文化是整个吐蕃文化中最先进的封建文化,也是敦煌文化发展历史上最具特色的民族文化。而且,敦煌吐蕃文化对敦煌后世的文化发展产生过巨大影响,除了吐蕃时期敦煌石窟的内容、性质、功能等基本没有改变以外,还有很多方面值得我们重视。

吐蕃统治时期的敦煌僧团,是一个庞大的社会集团组织,在后来不断地发展壮大。僧团的组织制度及管理形式都是在吐蕃时奠定的。大量的男女信众剃发出家,成为敦煌的一道亮丽风景。一所寺院是一个小社会,不仅有经济、文化、教育管理机构及活动,而且高僧直接参与政治,普通僧人编队从军等,都是吐蕃时期保留下来的传统。僧侣广泛参与社会活动,石窟和寺院成为社会活动的场所,是敦煌佛教社会化的特色展示,也是敦煌历史和我国佛教发展史上的特色显现。

　　还有一件值得注意的事件:敦煌文书 P.2762 正面是用汉文撰写于 9 世纪末的《张淮深德政碑》,其时上距吐蕃结束在敦煌的统治近半个世纪。而同时期成书的背面所书汉藏对照词语,汉译的意义似乎与藏文原文有所出入:"hasibyangngos"的直译应该是"河西北方",而在这里写成"河西一路";"bodbribtsanbo"则按常规写成"吐蕃天子";而"bod",按词意,bod 应该是藏族、藏族人的意思;在唐代,通常也写成蕃、吐蕃、大蕃等,但在这里被写成"特蕃",这不仅在敦煌文献中仅此一例,而且在整个藏汉语翻译史上也不曾见第二例。

敦煌绢画维摩诘经变局部:赞普听法图

　　在古代汉语里,"特"有"大"的意思,"特蕃"应该就是"大蕃"。但在吐蕃结束对敦煌的统治半个世纪后出现的这个词,显然与吐蕃统治时期的"大蕃"应该有所区别。笔者以为,"特蕃"一词,实际上指的是一种历史现象。吐蕃统治虽然结束,但它的影响在敦煌及陇右地区延续了一个多世纪,即 9 世纪中期至 10 世纪中期。所以,这里的"特蕃",应该是一个时期,是敦煌及陇右地区仍然受吐蕃影响的时期,我们把这个时期可以称作敦煌及陇右地区的后吐蕃时期。这个时期的标志就是吐蕃语言仍然作为陇右地区各民族之间的公共语言而被广泛运用,吐蕃赞普的形象在敦煌石窟中频频出现。而这些历史现象与当时吐蕃在陇右地区的残余势力似无多大关系。

榆林窟第 25 窟弥勒经变

在敦煌石窟壁画中,吐蕃赞普听法图一直是吐蕃统治时期的维摩诘经变的主要画面之一,吐蕃赞普像列各国王子之首,并有大臣随从前呼后拥。可在吐蕃对敦煌结束统治后的一段时间里都不再出现。到张氏归义军后期,消失了半个世纪的吐蕃赞普画像奇迹般地出现在莫高窟第9窟的各国王子行列之中,而且排列在第三位,身边如同前两位王子一样拥有两名侍从。看来,就是吐蕃赞普和吐蕃王朝的巨大影响力在其政权消失半个世纪以后,仍然是敦煌的执政者们用以改善民族关系、巩固统治的可借用力量。从此之后的莫高窟大窟中,凡是绘维摩诘经变的洞窟壁面上,总有吐蕃赞普出现在各国王子行列之中,只是从吐蕃统治敦煌时期的首席位置退到后面。曹氏时期,每一任节度使要在任期内建造一座甚至几座大型佛窟,而且在这些佛窟的"各国王子听法图"中都要画上吐蕃赞普的像。在整个曹氏归义军政权的前期和中期,历五代、宋初,吐蕃统治在周边各民族的深远影响,奉中原正朔的曹氏祖孙三代的历代统治者十分看重,对曹氏政权的巩固,以及对敦煌地区的社会安定与发展起到了一定作用。

由此可见,"特蕃"是一个时期,是吐蕃王朝灭亡之后的一百多年间,吐蕃文化继续对所治理过的地区存在巨大影响的时期。

敦煌作为历史上吐蕃文化中心的事实证明:藏族自古以来就是中华民族大家庭的主要成员之一,各族人民一道共同创造了中华民族辉煌灿烂的古代文明,为中华民族的进步和发展作出了巨大贡献。研究敦煌吐蕃文化,可为我们今天继承和发扬中华民族的优良传统、实现中华民族的伟大复兴提供历史借鉴。

（原刊于敦煌研究院编《敦煌吐蕃文化学术研讨会论文集》,甘肃民族出版社,2009年）

# 张议潮出生地及有关问题

莫高窟第156窟张议潮出行图局部

9世纪中期瓜沙归义军的创立者和首任节度使张议潮,是敦煌土生土长的军政领袖。关于敦煌是他出生地的说法,敦煌的有关文献中有些许记述,现略述如下:

在张议潮为窟主的莫高窟第156窟主室西龛下的南向供养人像列之中,第四身为比丘尼,有题榜曰:

姊师登坛大德兼尼法律了空①

与了空同列前后的女供养人像的题名,都是张氏家族女眷,其中包括排在了空后面的议潮兄议潭之妻、张淮深之母索氏。②由此可知,了空为议潮之姊,二人系同胞姐弟。

了空一名,又见于敦煌文书P.2669《敦煌诸尼寺比丘尼籍》之"大乘寺"第九位:

---

①敦煌研究院编:《敦煌莫高窟供养人题记》,文物出版社,1986年,第73页。

②敦煌研究院编:《敦煌莫高窟供养人题记》。敦煌文书S.6161+S.3329+S.11564+S.6973+P.3720《张淮深碑》记其父议潭,母索氏。

莫高窟第156窟了空供养像　　　　　　敦煌遗书P.2669局部

　　了空　沙州敦煌县　神沙乡　姓张　俗名媚媚　年五十七①

　　关于P.2669的时代，前贤已根据其中的一些比丘尼的名称和籍贯考订在9世纪中期，②与莫高窟第156窟的建成在同一时期。③而且，籍中明言了空俗姓张氏，所以，这两处的了空应为同一人，即张议潮之同胞姐姐。据此可知，议潮的出生地抑为敦煌神沙乡。

---

①[日]藤枝晃《敦煌的僧尼籍》，《东方学报》29，1959年；[日]池田温《中国古代籍账研究》，东京1979年；唐耕耦《敦煌社会经济文献真迹释录》第4册，北京1990年。

②[日]藤枝晃《敦煌的僧尼籍》；[日]池田温《中国古代籍账研究》；唐耕耦《敦煌社会经济文献真迹释录》第4册。

③据《莫高窟记》题款，莫高窟第156窟建于865年正月，参见《敦煌莫高窟供养人题记》第72—73页、第209—210页。

据《资治通鉴》卷二五二、敦煌文书《张淮深碑》等文献记载,[①]张议潮卒于872年,享年74岁。按照中国人关于年龄的传统记法,其生年当是799年。

假定了空长议潮两岁,她57岁时议潮55岁,时当853年;假定了空长议潮三岁,她57岁时议潮54岁,时当852年。笔者认为,了空57岁时出现在《敦煌诸尼寺比丘尼籍》的年代,当不外乎852、853年。因为852年为归义军新政权清理人口土地编制户状之年。[②]首先可以肯定的是,这次归义军新政权清理的户籍中也包括僧尼籍。但我们现在所看到的几件户籍田亩状都是852年11月以后的,所以这一年代的最后确认,还取决于归义军新政权清理户籍田亩和清理僧尼名籍孰先孰后。尽管如此,我们还是可以根据以上所列资料,纠正以往将P.2669《敦煌诸尼寺比丘尼籍》判定在865—870年[③]的失误。

(原刊于《敦煌研究》1998年第4期)

---

① 荣新江:《归义军史研究》,上海古籍出版社,1996年,第72页。

② 敦煌文书 S.6235、P.3235、Дx.2163、Дx.2393 等,参见唐耕耦《敦煌社会经济文献真迹释录》第2册,1990年,第463—467页。

③ [日]藤枝晃《敦煌的僧尼籍》;[日]池田温《中国古代籍账研究》;唐耕耦《敦煌社会经济文献真迹释录》第4册。

# "特蕃"考

敦煌文书中的"特蕃"一词,见于敦煌文书 P.2762 背。

敦煌文书 P.2762,正面是记录莫高窟第 156 窟营造的历史文献《张淮深德政碑》,背面书有诗歌等,书写了数十条藏(吐蕃)、汉文对照词语,内容有"hasiby - angngos"——"河西一路";"bod"——"特蕃";"bodbribtsanbo"——"吐蕃天子"及族名、月历名等。第 156 窟建成于 865 年顷[1],但碑文撰写于二十多年后的唐中和时期(888 年)[2],而背面的藏汉对照词语则晚于正面的汉文碑文稿,书成时间当在 890 年之后。

吐蕃王朝是藏族先民建立于青藏高原的奴隶制王朝,从 8 世纪中叶开始,强大起来的吐蕃王朝先后占有了我国西部的广大地区,统治有百余年。敦煌于 777—848 年也归吐蕃统治,[3]并位于吐蕃统治区的地理中心。9 世纪中期,吐蕃王朝灭亡和分裂为小邦并退居高原,在敦煌和陇右地区的统治随着吐蕃王朝灭亡而告结束。851 年,唐王朝在敦煌建立河西归义军政权。归义军节度使张议潮率军东征西讨,至 864 年,收复陇右地区的大片领土归唐。到了 890 年时,距吐蕃结束在敦煌的统治时间已有 40 多年。

值得注意的是,P.2762 背面所书汉藏对照词语,汉译的意义似乎与藏文原文有

①贺世哲:《从供养人题记看莫高窟部分洞窟的营建年代》,载《敦煌莫高窟供养人题记》,文物出版社,1986 年。

②荣新江:《敦煌写本〈敕河西节度兵部尚书张公德政之碑〉校考》,载《周一良先生八十生日纪念论文集》,中国社会科学出版社,1993 年。

③关于吐蕃占领敦煌的时间,有唐书《元和郡县志》所载建中二年(781 年)、近代学者贞元二年或三年(786 年或 787 年)之说;笔者以颜真卿《唐广平文贞公宋公神道碑侧记》考证为大历十二年(777 年)。马德:《论敦煌陷蕃的年代》,《敦煌研究》1985 年(总第 5 期)。本文采用笔者自己之浅见。

所出入："hasibyangngos"的直译应该是"河西北方"，而在这里写成"河西一路"；"bodbribtsanbo"按常规意为"吐蕃天子"；"bod"按词意应该是"藏族""藏族人"的意思，在唐代，通常也写成蕃、吐蕃、大蕃等，但在这里被写成"特蕃"，这不仅在敦煌文献中仅此一例，而且在整个藏汉语翻译史上也不曾见到第二例。

笔者理解，这个"特蕃"，从字面讲，就是特殊的吐蕃，或者特别的吐蕃，"河西一路"是指曾被吐蕃统治过并仍然受其影响的广大地区。而文书中另外一些族名如"退浑""回鹘"等，就是这一地区曾经被吐蕃统治过并且还有一定势力的民族。

进一步来理解，"特蕃"一词实际上指的是一种历史现象。吐蕃虽然结束了对广大河西地区的统治，但其影响在敦煌及陇右地区延续了一个多世纪，即9世纪中期至10世纪中期。所以，这里的"特蕃"，应该是一个时期，是敦煌及陇右地区仍然受吐蕃影响的时期，我们把这个时期可以称作敦煌及陇右地区的后吐蕃时期。作为这个时期的明显标志，就是吐蕃语言仍然作为陇右广大地区各民族之间的公共语言而被广泛运用，吐蕃赞普的形象在敦煌石窟中频频出现。而这些历史现象与当时吐蕃在陇右广大地区的残余势力似无多大关系，似乎也未受到中原地区改朝换代的干扰。下面，本文就"特蕃"这一历史时期的有关问题做几点简单的说明。

首先，看看吐蕃文在敦煌继续使用的情况。

敦煌吐蕃文文献中，有一部分成书于吐蕃结束对敦煌的统治之后。1981年，法文版《亚细亚学报》第269卷第1期发表了匈牙利乌瑞教授的名作《吐蕃统治结束后敦煌和甘州使用藏语的情况》[①]，列出9世纪中期至10世纪前期的18件藏文文书，包括甘州回鹘可汗的诏书等，都是极其重要的社会文书，说明藏文在敦煌归义军时期继续使用。有一份文书中还使用了唐天复年号。有趣的是，这些藏文文书的背面都写有汉文，有佛经也有其他方面的内容，包括我们前面提到的历史文书，背面也有汉文。因为没有见到原件，所以我们对这些文书背面与正面的关系难以

---

①[匈]乌瑞：《吐蕃统治结束后敦煌和甘州使用藏语的情况》，耿升译《敦煌译丛》，甘肃人民出版社，1981年，第212—220页。

详细了解。对照这18份文书,结合敦煌石窟与敦煌文献中其他相关史料,可以明显看出敦煌及陇右地区后吐蕃时期的特征。

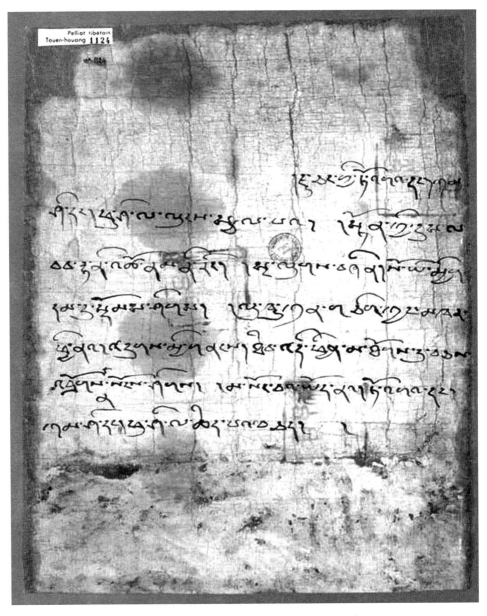

敦煌遗书 P.t.1124

乌瑞大作中列举的藏文官文书中,S.73IV14是张议潮攻克凉州后发给沙州和瓜州刺史的命令；P.t.1081、P.t.1124、P.t.1189等都是处理归义军内部事务的文件，应该成书于张氏归义军前期，时间上离吐蕃统治结束不远。而书写最多的P.t.1188背面，包括一件写于天复年间回鹘可汗的诏书，其时间到了张氏归义军的晚期；P.t.1182也是回鹘可汗的诏令，也应该成书于这一时期或稍早一些。由此可见，整个张氏归义军时期，一直在使用吐蕃藏文。

其次，看看吐蕃赞普画像在敦煌石窟中重新大量出现的问题。

敦煌壁画中，吐蕃赞普听法图一直是吐蕃统治时期维摩诘经变的主要画面构成之一，例如莫高窟第135、159、231、237、238、359、360、361等洞窟，吐蕃赞普像列各国王子之首，并有大臣随从前呼后拥。可在吐蕃对敦煌的统治结束以后的归义军时期，在新建的一些大型佛窟中，如莫高窟第156、85等窟的维摩诘经变中，吐蕃赞普像出现在各国王子行列之中。最突出的是莫高窟第9窟，赞普排列在第三位，身边如同前两位王子一样拥有两名侍从。莫高窟第9窟建成于张氏归义军后期的张、索、李氏三权鼎立时期。这一时期，原继任归义军节度使的张议潮之孙张承奉被架空，空有"司徒"职衔，唐朝任命的归义军节度使是张议潮的女婿索勋，而实际控制归义军政权的是张议潮的另一女及其子李氏兄弟。但无论是谁，有一点是可以肯定的，就是吐蕃赞普和吐蕃王朝的巨大影响力，在其政权消失半个世纪以后，仍然是敦煌的执政者们用以改善民族关系、巩固自己统治的可借用力量。

从此之后的莫高窟大窟中，凡是绘维摩诘经变的洞窟壁面上，总有吐蕃赞普出现在各国王子的行列之中，只不过是从吐蕃统治敦煌时期的首席位置退到后面。建于9世纪初年的莫高窟第138窟即如此。这个洞窟里的壁画与第9窟相距只有数年时间，但敦煌发生了翻天覆地的变化：先是李氏家族联合各方面的势力杀掉索勋，将张承奉重新扶上节度使之位作傀儡，掌握和操纵张氏归义军的所有大权；接着张承奉羽翼丰满，又逐灭李氏家族而亲掌归义军政权。莫高窟第138窟即建于张承奉亲政时期。几年以后，张承奉在敦煌建立了一个短暂的"西汉金山国"。由于在对外扩张战争中遭到惨败，便随之连张氏归义军政权也一起葬送。

曹议金为曹氏归义军政权，汲取了张氏归义军及金山国的惨痛教训，为巩固自己统治而实施的三大策略:奉中原正朔、利用佛教、改善民族关系。其中后两条均与吐蕃有关。

在改善民族关系方面,吐蕃文的运用就是突出的历史事实。我们仅从乌瑞的大作中列举的与于阗来往的文书信,如编号 P.t.984,P.t.1106,P.t.1120,P.t.1284,P.t.1256,P.t.2111 等均为曹氏归义军前期的文献这一事实,就可以看出不少端倪。当时是于阗最强盛的时期,于阗也有自己的文字,在敦煌文献中也有发现,还有汉文和于阗文双语的文书,现在看来这类文书出现也较晚,可能是到10世纪中期以后,也就是曹氏归义军的中期以后。在这之前,曹氏归义军与于阗的书信往来一律使用吐蕃文,说明吐蕃文在当时的民族交往中是通用的文字,功莫大焉!

统治集团利用佛教突出地表现在大型佛窟的营造方面。曹氏的每一任节度使不仅要在任期内建造一座甚至几座大型佛窟,而且在这些佛窟的各国王子听法图中都要画上吐蕃赞普的像。先是在曹议金自己为窟主营建的莫高窟第98窟内,像张承奉时期一样绘上吐蕃赞普的画像,接着有曹氏权贵和幕僚们在以后的半个多世纪里建成的莫高窟第100、108、454、61、25窟,在榆林窟第32窟等窟中,都有吐蕃赞普站立于各国王子行列中的画像。第100、108窟建成于939年前后的曹元德时期,第454窟建成于944年前后的曹元深时期,①第61窟建成于957年前后的曹元忠时期,而第25窟与榆林窟第32窟(赞普像残存头部与上身领口处)则建成于964年到985年间的曹元忠、曹延禄统治敦煌的北宋初期。在整个曹氏归义军政权的前期和中期,历五代、宋初,吐蕃统治在周边各民族的深远影响,奉中原正朔的曹氏祖孙三代的历代统治者们十分看重,对曹氏政权的巩固,以及对敦煌地区的社会安定与发展起到了一定作用。

一个灭亡了一百多年的王朝,其统治者画像一直在石窟中出现并占有一定地位,说明吐蕃百余年对陇右的统治影响巨大,也可能是吐蕃的残余势力还在陇右地区和敦煌活动了一百多年。

---

① 马德:《敦煌莫高窟史研究》,甘肃教育出版社,1996年。

我们从壁画中还能看出,在敦煌石窟中,吐蕃时期的赞普像是红色头巾和白色长袍,张氏时期因袭之。而曹氏前期,赞普的衣服从头到脚全部成了红色一长袍。到曹氏中期的宋代初年,赞普服装的颜色又回到吐蕃及张氏时期的式样,即红巾白袍。这两种服饰在吐蕃时期的供养人像中出现过,即莫高窟第359窟的男供养人。但这些人可能是一般的吐蕃或汉族的贵族,他们的身份和地位显然不能和赞普同日而语。这就是说,到归义军时期,吐蕃赞普在敦煌人心目中的地位与吐蕃统治时期还是有一定区别的——吐蕃赞普在这一时期是贵族待遇。红巾白袍与红巾红袍在身份和地位上也有区别。吐蕃赞普像头巾和衣服颜色的变化,应该是一种历史现象,而且可能有更深刻的社会历史背景,还需要我们进行更深入的探讨。

需要说明的是,这个"特蕃"时期,并不是在吐蕃王朝灭亡了半个世纪以后才出现的,而是在吐蕃统治敦煌结束之后就一直存在。我们前面已经列举了吐蕃文从吐蕃对敦煌的统治结束后一直在归义军官府和河西民间使用的情况就是证明。同时,我们还从莫高窟的洞窟形制可以看出蛛丝马迹:莫高窟第156窟是张议潮的功德窟,建成于吐蕃对敦煌的统治结束后不久,此窟的建筑形制是与其上层的第161窟及其顶上的土塔在一条中轴线上,分为上中下三层。这种窟塔组合的石窟形制与结构是吐蕃时代的产物。笔者另将专门撰文探讨这一问题。需要说明的是,第156窟一组的营造年代是归义军初期,完全属于吐蕃时代佛窟的体系,是吐蕃组合式石窟形制的延续。

莫高窟藏经洞出土的藏文卷子中,有关吐蕃历史的P.t.1288和IOL750《吐蕃大事纪年》,是经过整理和编纂的吐蕃王朝建立初期和前期的历史记事,目前所见资料截止于764年。笔者认为这部分文献成书于吐蕃统治敦煌时期的可能性较大,而P.t.1286、P.t.1287所记的其他内容,均应成书于吐蕃统治结束之后。P.t.1286《赞普世系》,也应该是吐蕃结束对敦煌的统治以后所记,因为文中所记最后一位赞普朗达玛,是吐蕃王朝的末代赞普,下距吐蕃结束对敦煌的统治有六年时间[1]。这份

---

①黄布凡、马德:《敦煌藏文吐蕃史文献译注》,甘肃教育出版社,2000年。

莫高窟五代第98窟各国王子听法图

文献的后部还有残缺,说明成书于吐蕃王朝灭亡之后。但无论是统治时期还是统治结束以后,这些历史文献及大量的吐蕃文写经为敦煌所独有,在吐蕃本土及其占领过的广大地区都没有发现过。所有文献的原成书地点,应该就在敦煌。住在敦煌的吐蕃人民参照汉唐制度,编史修志,总结吐蕃历史的经验教训,不仅为后人留下一份珍贵的历史文献,也为后世历史的发展提供借鉴。吐蕃统治时期整理《编年史》,似乎带有"实录"的性质。而吐蕃结束对敦煌的统治以后,对吐蕃历史进行全面的总结和叙述,这也可能是参照汉族的史志编修制度。另外,由此推测,P.t.1283《北方诸邦王统》也应该是这个时代的历史文献——用吐蕃文编写的民族史志。

历史事实证明,在吐蕃统治敦煌后期,敦煌是吐蕃的文化中心,这里集中了各民族的文人,从事佛经翻译和各种文化事业活动。吐蕃人民接受唐朝先进的经济文化,促进了自身历史性的发展变革,敦煌成为吐蕃文明的历史见证。敦煌的文化中心地位,吐蕃文化对陇右广大地区的渗透,成为后吐蕃时期文化的起源。吐蕃文化在唐陇右地区后吐蕃时期一直存在着巨大影响,对这一时期陇右各民族之间的经济文化交流、民族关系改善和社会发展发挥了重要的历史作用。

综上所述,"特蕃"是一个时期,是吐蕃王朝灭亡之后的一百多年间,吐蕃文化继续对吐蕃所治理过的地区存在的巨大影响。

[原刊于《兰州大学学报》(社会科学版)2006年第5期]

# 《张淮深碑》作者再议

## ——兼论敦煌写本之张球、恒安书体比较

大小六块残片拼合起来的《敕河西节度兵部尚书张公德政之碑》①（以下简称《张淮深碑》），是敦煌历史上的重要文献。但由于首尾残缺，给研究工作造成一定困扰。其中关于该碑文之作者即撰述者为何人，是学术界一直关注的问题。

日本学者藤枝晃先生最早推测，《张淮深碑》的作者是张景球，②同时认定张球与张景球或为同一人，这也是藤枝晃先生认为作者是张景球的理由之一。但藤枝先生认为作者是张景球的另外一条理由是悟真已死，这一说法显然欠妥，大量资料证明，《张淮深碑》成书时悟真尚健在。

荣新江《敦煌写本〈敕河西节度兵部尚书张公德政之碑〉校考》，找出了敦煌遗书P.3216中关于刻碑与赏设僧统以下四人的记载，以为都僧统悟真即碑文之作者，有理有据。同时荣氏还指出，作为写卷的碑文是加了注释的抄件，立碑时间为中和二年（882年），原件之成书亦在882年。③近年，荣说为大多数中国学者所认可。比如："归义军初期，直接参与军机、供职军门的名僧，著名的如后来担任河西都僧统的唐悟真与时任释门法师的康恒安等。悟真与恒安关系密切，悟真擅长写作，堪称河西第一大手笔，著名的《张淮深碑》与许多《名人名僧邈真赞》大多为恒安所抄书。大中年间，两人都参赞军机，供职于归义军军幕之中。"④作者在这里也将P.2762等写本之《张淮深碑》认为恒安所抄，可能是没有对恒安书体与张球书体进行仔细辨

①参见荣新江：《敦煌写本〈敕河西节度兵部尚书张公德政之碑〉校考》，载《周一良先生八十生日纪念论文集》，中国社会科学出版社，1993年1月，第214—216页。

②［日］藤枝晃：《敦煌千佛洞的中兴》，载《东方学报》第35册，1964年，第137页。

③荣新江：《敦煌写本〈敕河西节度兵部尚书张公德政之碑〉校考》，第214页。

④冯培红：《P.3249背〈军籍残卷〉与归义军初期的僧兵武装》，载《敦煌研究》1998年第2期。

认,同时也明显受到前人研究的影响。

对张球做过深入细致的研究者首推颜廷亮先生。颜先生认为张球和张景球是两个人,①颜先生同时又发表文章论述张球及其作品。②郑炳林先生对此提出不同意见,仍然确认张球与张景球为同一人③,这一看法也基本为学界认同。但无论颜先生还是郑先生,都在文章中只字未提《张淮深碑》。看得出,二位先生都是明确表示不同意此碑为张球作品。

关于悟真的作品,比较集中的是P.3720的《诗集》及P.4060之《敦煌名人名僧邈真赞》④,其中后者多为悟真弟子恒安所抄写。而P.3720似乎亦非悟真本人手迹。学术界研究悟真生平事迹及其作品的专家和成果比较多,但大多不曾涉及悟真书法或者是手迹。

藤枝晃先生研究敦煌文献非常注重原件,而且也精于以书法风格进行研究。但藤枝晃先生因为只是在注释里提到作者是张景球,而且是在误以为悟真已死的前提下得出的推论,没有从书法的角度去做说明。可以看出,藤枝晃先生对作者问题没有进行专门研究,只是在注释里提及,他的判断却歪打正着。

我们首先看现存的《张淮深碑》的文稿本,不管是不是悟真撰写,但肯定不是悟真书写,这是因为悟真的墨迹在敦煌遗书中也保存有不少,他年轻的时候抄写过一些佛教文献,我们现在就选他与《张淮深碑》同时期的作品做比较,可以明显看出不是出自同一人手笔。悟真在归义军时期的手迹多为签名,还好有这份《张族庆寺文》(P.3770V)保存了他的手迹。

①颜廷亮:《张球著作系年及生平管窥》,载《敦煌学国际研讨会文集·史地语文编》,辽宁美术出版社,1995年。

②颜廷亮:《关于张球生平和著作几个问题辨析》,《中国敦煌吐鲁番学会研究通讯》1993年第2期;《归义军张氏时期敦煌的三位张姓作家》,《敦煌语言文学研究通讯》1993年第3、4期。

③郑炳林:《论晚唐敦煌文士绘球即张景球》,《文史》第43辑,中华书局,1997年,第111—120。

④齐陈骏、寒沁:《河西都僧统悟真作品和见载文献系年》,《敦煌学辑刊》1993年第2期。

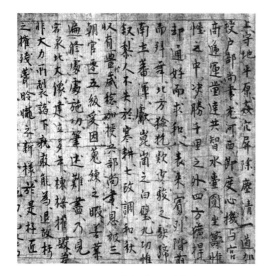

P.2762《张淮深碑》书体与 P.3770 悟真书体对照[①]

关于张球活动年代与作品,前文所及颜廷亮、郑炳林等先生均有较详研究,兹不赘。张球的墨迹在敦煌遗书中保存较多,比较有代表性者为《南阳张延寿别传》(P.2568),我们将其与《张淮深碑》进行比较可以看出,两份写本的书法风格比较一致。因此可以推定,《张淮深碑》应该是张球作品,由张球本人撰写和书写。

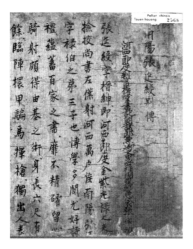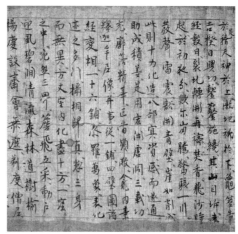

P.2568 南阳张延寿别传与《张淮深碑》书体比较

①本文图片均采自法国国家图书馆网页 http://gallica.bnf.fr/,谨此说明。

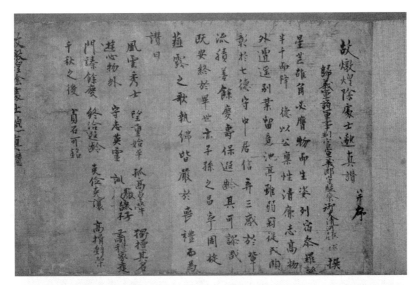

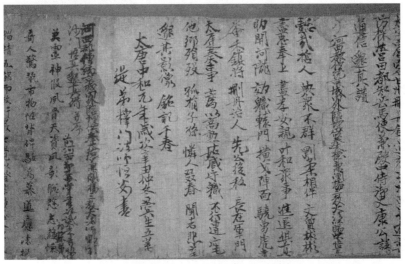

P.4660遗真赞集张球作品(上)与恒安抄书悟真作品(下)

我们再看恒安的墨迹。从敦煌遗书保存的资料看,恒安和尚的主要工作是抄写和整理,其中最多的就是P.4660《敦煌名人名僧遗真赞》。恒安抄写过一部分,但大多数是把不同时间、不同地点和不同的人物书写的遗超人赞原件粘贴在一起的,粘贴的痕迹至今历历在目,书写风格各有千秋。张球自撰自书的几件作品也被粘贴其中。恒安在一部分粘贴的前人作品后面还题写了自己的名字,粘贴的顺序基本是按由晚到早的年代先后粘贴的。据此可知,恒安法师花了一定的心血和精力整理了这份《敦煌名人名僧邈真赞》。这是恒安对敦煌历史的重要贡献,同时也对后来产生较大影响,如五代时期的 P.3718《敦煌名人名僧邈真赞》在体例上和 P.4660 相一致。

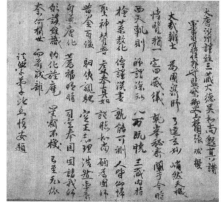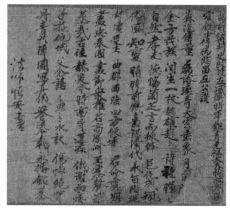

P.4660邈真赞集恒安抄张球及他人作品

敦煌遗书中的悟真签字

P.4660《敦煌名人名僧邈真赞》长卷之中,恒安也抄写了张球的部分作品,但也有一部分是张球自己撰文并书写的。所以我们看到同是张球的作品,但书法风格不一致。恒安所书与张球所书区别明显,所以可以进一步肯定《张淮深碑》非恒安抄,为撰者张球亲笔书。

就现有资料看,张球不可能去抄写他人作品,所书写者只是自己的作品,而且,张球的有些作品也是别人抄写的,如P.2913之《张淮深墓志铭》等。悟真的作品由他的助手恒安法师专门抄写。另外,恒安作为书丹手,不光抄写了悟真的大量作品,也抄写张球的作品,如《吴和尚(法成)邈真赞》(P.4660)。张球没有抄写悟真作品的任何理由和动机。

本文结论:P.2762等卷《张淮深碑》的撰写和书写者均为张氏归义军时期的文人张球。

从事敦煌文献研究,研究者需要具备一定的综合素质。无论是从事政治、经济、军事、文化、民族关系任何方面的研究,首先要面对文献的现状。虽然看不到原件,但最少要看到原件的照片或者是影印件,这一点对研究者来讲已经不是太难了。很多人都是从别人录文的第三手资料来进行研究,所以就无法从书写字形字体上来分析和研究。

(原刊于《丝路历史文化研讨会文集(2012)》,新疆科学技术出版社2013年6月。)

# 张淮兴敦煌史事探幽

## 张淮兴之名的出处

在敦煌张氏归义军节度使的历史上,一共有五任节度使,其第三任为张淮□。敦煌莫高窟第148窟存《唐宗子陇西李氏再修功德记》(即《乾宁碑》)此处字迹脱落,一直不为人知。但学者们都知道,他是张议潮的儿子、张承奉的父亲、他的前任张淮深的堂弟。

这些年,学人们根据法国人伯希和1908年在莫高窟做的记录,一拥而上,将张淮□写成了张淮鼎。不能否认,伯希和是一位造诣颇深的汉学家,但也应该注意的是,他当年到敦煌时也才29岁,不见得能把所有的汉字都录得十分准确,(况且,他的笔记中也确有录错的地方)。另外,当时《乾宁碑》上的字是否清清楚楚的就是鼎字,也很难讲。还有一点:近代中国学者的著录中,如《陇右金石录》及罗振玉、向达诸先辈的论述都记为□,为何只有伯希和才独具慧眼呢?

在敦煌文献中,有关的记载还是可以找到的。

大英博物馆藏斯坦因劫敦煌绢画《炽盛光佛并五星褉》左上方有题记云:

炽盛光佛并五星

神乾宁四年正月八日

弟子张淮兴画表庆

光

这条题记早就为人所知,但没有受到重视,好像它与张氏归义军无关。其实,这条题记是十分珍贵的,尤其是张淮兴这个名字的出现,很值得注意。

敦煌绢画炽盛光佛图

　　笔者以为,这里的张淮兴可能就是《乾宁碑》上的张淮□。其理由首先是目前所见敦煌文献中记载当时张议潮的子侄辈就淮深和淮□二人,绢画中的张淮兴不可能成为此二人之外的第三人;其次,兴字(繁体字)与鼎字上部形状相近,伯希和当年可能是依稀看到了该字残迹的顶部,因形近而录为鼎字。

目前所见张淮兴的资料,仅此而已。但如果我们再根据其他方面的资料,把敦煌曾发生过的与张淮□有关的事情,作为张淮兴的事看待,似乎也能说通。下面试作论述。

## 张淮深之死与张淮兴上台

848年,张议潮率领各族民众驱逐了吐蕃,并遣使长安向李唐王朝献上河西十一州地图以示回归之心,851年,唐朝在敦煌设立河西归义军节度政权,任命议潮为节度使。原作为使团成员之一的议潮之兄张议潭被留在长安作人质,议潭之子张淮深便接替其父之沙州刺史职务,管辖和治理敦煌地区。当时张议潮统率三军东征西讨,忙于收复还在吐蕃手中的唐朝失地,张淮深实际上是张氏归义军政权的留守者和主事者。等到867年,张议潮又入质长安后,张氏归义军大权就全部掌握在了淮深手中。而作为正统的节度使继承人的议潮之子张淮兴,当时年龄尚小,不谙世事,而由议潮的几位女婿如索勋、李明振等辅佐淮深,实际上是分揽了归义军的部分权力,这样就在张氏归义军内部埋下了内讧的隐患。

张淮深执掌归义、治理敦煌二三十年,敦煌地区社会稳定,经济繁荣,应该说是卓有成效的。但逐渐长大成人的张淮兴不甘长久屈就,于是在890年,在索、李等人及其家族地支持下发动政变,杀死张淮深及其妻和六个儿子,抢过了归义军大权。朝不保夕的李唐王朝对此只有默认而已。所以在《张淮深墓志铭》中用了"竖牛作孽,君王见欺"的成语典故来记述此事。①

根据《乾宁碑》等文献所记,张淮深具衔:

……伊西等州节度使检校司徒张淮深

淮兴具衔:

前瓜沙伊西等州节度使检校□部尚书兼御史大夫张淮兴

---

① 详见李永宁《竖牛作孽,君王见欺》,载《敦煌研究》1986年第2期。

但这些都是自封或由本地追封的,而真正由李唐王朝任命、堂而皇之出现在敦煌的河西节度使却是索勋,请看莫高窟第196窟甬道的记载:

敕归义军节度瓜沙伊西等州管内观察处置押蕃落营田等使守定远将

军检校刑部尚书兼御史大夫矩鹿郡开国公食邑二千户实封二百户赐紫金

鱼袋上柱国索勋

这是892—894年之事。这里就有一连串的历史纠纷。

## 莫高窟第9窟甬道供养人现象

在莫高窟第9窟的甬道南北两壁,索勋、张淮□之子张承奉和李明振之子李弘定、李弘谏四人的供养像并列其上。

甬道南壁第一身:

敕归义军管内观察处置押蕃落等使银青光禄大夫□□□□检校右散

骑常侍兼御史大夫索勋供养

甬道北壁第一身:

……光禄大夫检校司徒同中书门下平章事食……

……实……万户侯赐紫金鱼袋南阳开国公张承奉一心供养

甬道南壁第二身:

朝散大夫沙州军使银青光禄大夫检校左散骑常侍兼御史大夫上柱国

陇西李弘谏一心供养

甬道北壁第二身:

……瓜州刺史……光禄大夫检校左散骑常侍兼御史大夫上柱国陇西

李弘定一心供养

莫高窟第9窟是由一位敦煌豪族所建。这四身供养像是当时归义军内部索、张、李三权分立的历史证据。四人中除索勋外,张、李都成了第三代。显然这时李明振已死,而张淮兴则可能是引退,因为他的年龄要小得多,根本不是正常情况下的死亡之期。其子承奉此时虽然高官厚禄,但就年龄讲,还是一个小孩子。这种情况告诉我们,张淮兴在杀了淮深、夺取归义军大权之后,经过一年多的时间,可能感到力不从心,或者感到自己罪孽深重,不宜再继续担任节度使职务,所以将幼子托给索、李两家辅佐,自己则退避三舍,深居简出。但《乾宁碑》所谓索勋执政时"兄亡弟丧,社稷倾沦"之说,给人以张淮兴与淮深一同死于索勋之手的错觉。

本来袭承节度使职务的应该是张承奉,由索、李两家辅佐,为何反而索勋当了节度使? 这正是李唐王朝力图削弱地方割据势力的用意所在。

索勋在执掌归义期间,以前辈和元老身份对张承奉和李氏兄弟做了如同上述之安排。张承奉实际上是虚衔和空名,倒是李氏兄弟分别掌握了沙、瓜等州的实权,因此又埋下了新的隐患,使再一次的内讧不可避免。

## 索、李、张之争

索、张、李三家中,以李氏势力最强,而且,当时作为张议潮之女、李明振之妻和当权的李氏兄弟之母的张氏还健在,她和她的儿子们当然不能容忍索勋独揽归义军大权,于是在索勋执政的第三年,即894年,李氏家族以匡扶张氏正统的名义剿毙了索勋,将张承奉扶上归义军节度使的宝座。《乾宁碑》以李氏的一面之词,对此事做了详细描述和极力称颂。这场斗争是索弱李强的必然结果。

被扶上归义军节度使的张承奉此时实际是一个傀儡,李氏家族此时几乎全面控制了归义军。逐渐长大了的张承奉自然不会善罢甘休,大概在896年,张承奉对李氏兄弟先削贬其官职,后行剿灭(只任职瓜州的李弘定幸免于难并有子孙繁衍)。至此,归义军政权才真正回归张氏手中。

以上史实,有荣新江《晚唐归义军李氏家族执政史探微》、李军《晚唐归义军长史及司马问题再探》等详论,兹不赘。

## 张淮兴重新出世

张淮兴没有死,这几年中,他在一旁静静地注视着这场你死我活的龙争虎斗。直到归义军大权牢牢掌握在他的儿子张承奉手里,他才重新出世,"画表庆光",这是897年正月的事。张淮兴庆的什么光,为谁庆光,不就很清楚了吗?

当初,张淮兴退避三舍,将张承奉"托孤"于索、李两家,《乾宁碑》对此是有所透露的。但张淮兴并不是要把归义军大权拱手交给索家或李家,他大概不想背着杀兄夺位的罪名继续执掌归义政权才这样做的。他的本意也还是让张承奉当节度使,索、李辅佐,索、李专权也不是他所希望的。几年之内,索、李势力相继灭亡,张承奉完全控制了局面,建立了稳固的统治,才使这位"世外高人"喜上眉梢,画佛相庆。

至于张淮兴后来的情况又是如何,因无资料,不敢妄断。

以上关于张淮兴的推测,是否可信,还有待今后新资料的发现和研究工作的进一步深入。笔者不揣冒昧,抛砖引玉,祈望学界前辈及同好指教是幸。

(原刊于《敦煌学辑刊》1994年第2期)

# 敦煌本《天复八年吴安君分家遗书》有关问题

　　2009年10月,《敦煌秘笈》图录第一册①在日本出版,刊布了杏雨书屋所藏原李盛铎售出的敦煌写本及印品,引起了敦煌学界的高度重视,已有专家对其中相关文书进行了考证和研究。其中羽53号一件是由吴安君以遗嘱的形式,在众乡间亲朋的见证下,与侄子(养子)吴通子、儿子吴善集达成变更家庭财产的记录。张小艳博士2013年出的《敦煌社会经济文献词语论考》定名为《天复八年吴安君分家遗书》②(以下简称《遗书》),今从之。这件看似普通的遗书中,蕴含了众多的社会历史信息,涉及古代礼法制度和民俗风情的各个方面,如收继婚姻、尽孝抚养、民居建筑、庄园土地、生活用品、生产工具、邻里关系、亲属称谓、方言俗语等,为研究中国古代礼法制度和百姓生活提供了珍贵的第一手资料,受到学界的广泛关注,已有较多的研究成果论及此文书。③本文拟在前人研究的基础上,就相关问题作几点补充探讨。

---

　　①《敦煌秘笈》第1卷,日本杏雨书屋,2009年。

　　②张小艳:《敦煌社会经济文献词语论考》,上海人民出版社,2013年,第169页。

　　③最早透露此文献信息者1935年12月15日及21日中央周报,刊出《德化李氏出售敦煌写本目录》;参见《敦煌遗书总目索引》散藏3(编号散0242),商务印书馆,1959年,第318页、323页。近年研究者主要有张小艳的《杏雨书屋藏〈天复八年吴安君分家遗书〉校释》(《中国敦煌吐鲁番学会理事会暨学术讨论会论文集》,2011年)和《敦煌社会经济文献词语论考》(上海人民出版社,2013年)有录文和考释。山口正晃的《羽53「吴安君分家契」について——家产相続をめぐる一つの事例》(《敦煌写本研究年报》第6号,2012年;顾奇莎中译版,《中国古代法律文献研究》第6辑,社会科学文献出版社,2012年)有较详细的研究。陈丽萍《杏雨书屋藏敦煌契约文书汇录》(《隋唐辽宋金元史论丛》第四辑,上海古籍出版社,2014年)重新过录并补充说明。

### 一、原文基本信息与录文

据《敦煌秘笈》,羽053《天复八年吴安君分家遗书》卷长85.6厘米,高27.3厘米,由三张长15厘米左右的小半张纸与一张长40多厘米的大纸黏接而成,全文共46行,其中正文39行,签名画押7行。正文分为四段,每段为一纸,形成段与段之间的空行。签名与第四段为同一大纸。全文如下〖注:录文中作简单之校勘,明显的错别字以"()"注明,因卷残损之缺字以"□"代替,原书写遗漏字以"[]"补之〗:

1.天复八年戊辰岁。

叔吴安君、侄吴通子

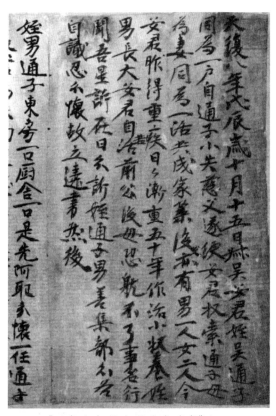

《天复八年吴安君分家遗书》之一

2.同为一户。自通子小失慈父,遂便安君收索[氏]通子母

3.为妻,同为一活,共成家业。后父亦有男一人、女二人。今

4.安君昨得重疾,日日渐重;五十年作活,小收养侄

5.男长大,安君自苦活,前公后母,恐耻

6.闻,吾星诉(数)在日,分诉侄通子、男善集部分,各

7.自识忍分怀,故立违书。然后:

8.侄男通子:东房一口,厨舍一口,先阿耶分怀,一任通子

9.收管为主;南边厅一口,西边大房一口,巷东壁上

10.抚舍一半院落、门道,合砂底新开地四亭均分;

11.新买地各拾亩;杜榆谷车脚一只,折旧破钏与小头钏

《天复八年吴安君分家遗书》之二

《天复八年吴安君分家遗书》之三

12.一只,售三斗破锅一口,售七升铛子一口,小主鏊子一面,柜一口,

13.大床一张,白绵绅衫一领,乾面大瓮两口,又售五升铛

14.子一口,在丈诠边,任通子收管;售六斗古破釜一口,通子

15.二分,善集一分;饮食鑵一具,铧大小两孔,合旧种金一副,

16.合应有镰刀、陇(笼)具,兄弟存心转具,若不勾当,

17.各自手失脱后,便任当割却;又古锹一,小鑵

18.头子一,兄弟合。

19.男善集:檐下西房一口,南边东房一口,厨舍一口,巷东

20.壁上抚舍一半院落、门道,合砂底新开地四亭均分;

21.新买地各拾亩;杜榆谷车脚一只;车盘一,此通子

22.打车之日,兄弟合使,不许善集隔勒。若后打车盘日,

23.仰善集贴

通子车盘木三分,

内一分即任善集

24. 为主;售

贰斗铜锅一口,不

忏通子之事;售六

斗破釜一口,

25. 善 集 一

分,通子二分;镬

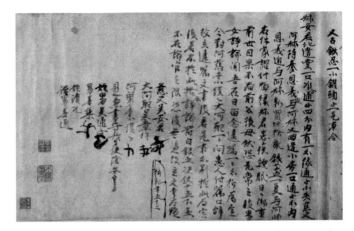

《天复八年吴安君分家遗书》之四

一具,售一斗五升破铛一口,铧

26.大小两孔,合旧种金一副,合应有镰刀、陇(笼)具,兄

27.弟存心转具,各自手失却,后便任当分割却;

28.又古锹一,小镬头子一,兄弟合。

29.叔安君:北边堂一口,准合通子四分,内有一分,缘通子小失慈父,

30.阿叔待养,恩义进与阿叔;又西边小房一口,通子分内

31.恩义进与阿叔;新买地拾亩,银盏一只,与阿师。

32.右件家咨什物,缘叔[安]君患疾缠眠(绵),日日渐重。

33.前世因果不备,前公后母,伏恐无常之后,男

34.女诤论。闻吾在日,留念违嘱,一一分析为定。

35.今对阿旧(舅)索汉汉、大阿耶,一一向患人付嘱口辞,

36.故立违嘱文书。后若兄弟分别,於(以)此为定;

37.后若不于此捂亦诤论,罚白银五,决杖十五下,并

38.不在论官之限。恐后无凭,故立文书为验。

39.慈父吴安君(押)指节年一十二

40.大阿耶吴章仔(押)

41.阿舅索汉汉(押)

42.见人兼书手兵马使阴安(押)

43.侄男吴通子(押)

44.男善集(押)

45.侄清儿

46.侄男善通①

## 二、文书性质、年代与背景

此卷成书于唐末天复八年(908年,五代后梁乾祐二年)保存较好,首尾完整,字迹较清晰,内容明确。

本文书首先是一份遗书。文中前后两次强调,立书之因为吴安君"昨得重疾,日日渐重……恐耽不了事各行,闻吾星诉在日,分诉侄通子、男善集部分,各自识忍分怀""缘叔[安]君患疾缠眠(绵),日日渐重。前世因果不备,前公后母,伏恐无常之后,男女诤论。闻吾在日,留念违嘱,一一分析为定。"在中国古代,分割家庭财产一般是兄弟之间的事,而本件文书写的是在重病中长辈主持下的以遗嘱的形式进行的家庭财产分割,这里可以看出文书作为遗嘱的性质比较明显。

值得注意的是,文书中前后两次用了"违书""违嘱",而不是用遗书或遗嘱。但在敦煌遗书中,违书就是遗书,"违书"在敦煌写本中也作"唯",但仅存一例,即S.2199《唐咸通六年(865年)尼灵惠唯书》,可能是同音致误。

同时,本文书与一般的遗嘱或遗书有很多的不同点。文书最后有当事人、保人和见证人的签名画押,都是一般遗嘱和契约文书的通用书写格式。而本文书中使用的一般遗嘱的一些制约性的词语,也适用于契约,特别是文末还专门规定了对违约行为"不在论官之限"的惩罚措施,所以也可以说本文书具有遗书与契约的双重性质,《敦煌秘笈》定其名为《天复八年吴安君分家契》是从另一个视角做出的判断,

---

①鉴于本文书有较多的研究,各家录文大同小异,恕不一一标注,本录文参照张小艳《敦煌社会经济文献词语论考》,第167—169页,按原卷分行并略有改动。

但总体上讲还是遗书。

敦煌写本中还有一件同时期的分家书,即 S.2174《天复九年神沙乡百姓董加盈兄弟分书》,书写于909年润八月十二日,为敦煌神沙乡百姓董加盈、弟怀子、怀盈兄弟三人,分割父母遗留的土地、房屋、牲畜及农具等,[1]内容与《天复八年吴安君分家遗书》亦相近似。但这类分家书基本上是兄弟之间直接分割先辈留下的家庭财产,只是普通的财产分割契约,均不具备遗书的因素,但对于《天复八年吴安君分家遗书》的定名有重要的借鉴作用。

天复仅四年(901—904年),904年改元天祐,而在敦煌的905、906年间是天复和天祐混用;907年,朱梁代唐,改元开平。中原已经改朝换代,但敦煌还继续存在奉唐正朔的归义军政权,而907年后不再出现天祐而只用天复年号,如此二件。天复年号在敦煌写本中一直使用到十年(910年)初。[2]之后便是短暂的割据小王朝"西汉金山国"时期和几年后的曹氏归义军政权。

### 三、家族亲情之关系

从遗书所述可看出,吴安君一家的亲情关系比较特殊。吴安君是在其兄亡故后娶嫂为妻,这种风俗在我国民间古已有之,称为平辈收继婚。敦煌文献中直接记载收继婚姻关系者,目前发现仅此一例。[3]遗书未及安君有另外妻室,可以断定他在兄长去世之前未曾婚娶,且终生只一位妻子,即兄长之遗孀索氏。先兄留下幼子吴通子,娶嫂后"亦有男一人、女二人",男即遗书中之善集。遗书从头至尾没有提及安君之妻、通子与善集之母索氏的任何情况,疑其早已不在人世。

值得注意的是,遗书中使用了"前公后母"这一特殊的亲情称谓。这一称谓不见于史载,也没有在生活中见到应用。张小艳认为相当于"前爹后娘",表示子女与

①沙知:《敦煌契约文书辑校》,江苏古籍出版社,1998年,第441—443页。
②薄小莹:《敦煌遗书汉文纪年卷编年》,长春出版社,1990年,第114—119页。
③陈丽萍:《杏雨书屋藏敦煌契约文书汇录》,第182页。

亲爹、后妈或亲妈、继父之间的复杂关系。①但还需要作进一步的探讨，因为这里不光是个简单的家庭关系的称谓问题，可能还涉及许多礼法制度与民俗风情方面的因素，希望得到大家的关注。

"索通子"，即安君侄吴通子。卷首及卷尾的签名均为吴通子，但在第二行写为"索通子。"从后面的见人"阿舅索汉汉"看，通子之母即安君妻姓索，似乎可以理解为通子曾一度随母姓，但遗书中称索通子者仅一处，或因笔误漏写"氏"字，即原文就为"索氏通子母。"这样，这句话应为"自通子小失慈父，遂便安君收索氏通子母为妻。"

先阿耶、大阿耶，耶通爷，阿耶古代称父亲，古乐府《木兰诗》："阿爷无大儿，木兰无长兄。"唐寒山《诗》之二四三："阿爷恶见伊，阿娘嫌不悦。"此处之先阿耶即通子父，通子实际上是在继承父亲的部分财产。见人中的大阿耶吴章仔应该是吴安君的堂兄，侄清儿和善通可能是吴章仔的儿子。

阿师，安君名下分到的最后一份财产："新买地拾亩，银盏一只，与阿师。"此阿师何许人也？文书中没有其他的只言片字。我们只能按照敦煌当时的社会和家庭情况做些推测：这位阿师应该出身于吴氏家族，或是由吴氏一家供养的出家人。同时按称谓分析，应该是一位女性，参照文书中讲到吴安君生育二女，此阿师应该是吴安君二女之一，即吴通子和吴善集的妹妹（或善集姊）。天复时期敦煌处于张氏归义军晚期，从吐蕃时期脱胎而来，在佛教文化方面继承了许多吐蕃时期的内容。吐蕃时期有七户养僧制度，到归义军时期差不多是户户养僧，因为敦煌归义军时期，僧人比例大得惊人。852—853年成书的S.2669《敦煌尼籍》残卷，仅大乘寺有尼僧209位，其中吴姓尼僧12人中，10人来自神沙乡，2人来自敦煌乡，从20岁左右至65岁的各个年龄段的主僧都有，而且多为"觉"字辈。②这10位来自神沙乡的吴姓尼僧应出自同一家族，吴氏供僧即成传统，故疑吴安君一家也可能是敦煌神沙乡

———————————

①张小艳：《敦煌社会经济文献语词论考》，第482页。

②关于文书年代，参见倚山《张议潮出生地及有关问题》，《敦煌研究》1998年第4期；关于录文，参见唐耕耦、陆宏基《敦煌社会经济文献真迹释录》第四辑，全国图书馆文献缩微复制中心，1990年，第215—228页。

人。当时敦煌大多数的住寺僧人都由其俗家供养,她(他)们有些时候也住在家里,或者长期住在家中的也不乏其例。这里吴安君分新买土地与银具给阿师,没有分给房产,推测此阿师平常是住寺尼僧。

纵观整篇文书,三位当事人即立遗嘱人吴安君、析产人吴通子与吴善集,分别以叔、侄、男相称。而在第四件开始先称安君为叔,文末的署名吴安君则以"慈父"出现,应该是以吴通子和吴善集为主的称呼。文末见证人中的阿舅索汉汉即通子和善集之母舅。另三位证人中大阿耶吴章仔应为安君长兄、通子与善集之伯父,侄男清儿、善通即为章仔之子。因为他们父子只是作为证人出现,与吴安君一家所分割土地、房屋、财产等无任何关系,因此吴章仔可能是与吴安君属同一祖父的叔伯兄长。

## 四、当事人及析产内容与分书之形式

据遗书内容,因安君年高病重,来日无多,只是住在由通子赡养的堂舍之中,并无其他财产分给。所分房产、田舍、农具、家具等,主要在通子和善集兄弟二人之间进行:除各自分到土地、房屋、农具和家具之外,还有一些兄弟合用之农具、家具等共有财产。详细内容见录文和前人研究,不再一一陈述。

在遗书里,对立遗嘱人吴安君"恩义进与"是指通子作为安君从小养大的侄子来尽赡养义务。吴安君名下没有分到土地、农具、家具和牲畜等,因为他已经不需要这些。通子为表达对养育之恩的感谢而将分到自己名下的两处房屋"恩义进与"叔叔安君,和弟弟善集一起给他养老送终。"恩义进与"在这里也体现出古代的礼法风情。

同时我们还注意到,这份卷式分书由大小四纸粘接而成,除第四纸卷末的签名外,每一纸的内容都可以独立成文:第一纸讲述析产缘由,第二、三纸分别为通子、善集得到的土地房屋及其他财产的记录,第四纸为吴安君本人及"阿师"的安置。四页分别书写,最后粘接成卷,统一签字画押。另外有一点,四页中的第二、三页属于通子和善集个人的那部分应该有副本,当事人各持一份。这体现出家庭财产分割烙上当时社会制度的印迹。

## 五、词语方言特色举要

对敦煌契约语言即使用词语,除前揭张小艳《敦煌社会经济文献词语论考》之外,尚有陈晓强《敦煌契约文书语言研究》①。两本大作对遗书中出现的一些词语有过专门的解释和说明,这里只补充几点资料和意见。

遗书中几次出现的违书、违嘱,如前所述,实际即指遗书(遗嘱)。所以,有专家认为"违书"是"遗书"的笔误,也有一定道理。从字义上看,"违书(嘱)"似乎不具备"遗书(嘱)"的意义;"违"在古代汉语里有多种用法,而与本文书最接近的意义为改变、变更,可以理解为家产变动。又,唐咸通六年(865年)敦煌写本S.2199题名《尼惠灵唯书》,也是遗书(遗嘱)。另此词也可能与方言有关,唯通违:事与愿违,不想死但不得不死,违改唯即表达唯一或仅存,在遗书中是否还有展示契约性质的一面?这里所含丰富的语言使用技巧与回避、忌讳等各方面的信息还需要进一步探讨。

"然后",出现于第一段尾部,一般来说是表示接着某种动作或情况之后。但在这份遗书里,作为第一段的结尾,应该起着总结上文与提示下文的作用,即在讲明立遗书可遗嘱之后要叙述的正文,义同"如后"。从词义上讲并没有改变,但这里使用方法比较特殊。

隔勒,《汉语大词典》解释为阻挠的意思,《敦煌变文字义通释》②解释为阻碍、制止,并援引敦煌其他文献加以说明。根据今西北方言中有"隔搅"一词,意为干扰、阻挠、搅和,上指某一件事情在进行的过程中受到干扰和阻挠,这种干扰和阻挠一般是对事件带有阻止、制止或破坏的目的,但其结果有成有败,不一而同。再结合本遗书中"车盘一,此通子打车之日,兄弟合使,不许善集隔勒,"隔勒的意思应该是

---

①陈晓强:《敦煌契约文书语言研究》,人民出版社,2012年。
②蒋礼鸿:《敦煌变文字义通释》,上海古籍出版社,1988年,第236—237页。

"隔搅"的意思。因为这些地方都是讲因隔勒受到影响,而并不一定要求达到完全制止的目的。

亭分,这是一个标准的方言土语,而且在甘肃中东部一带仍在民间使用,就是对半平分的意思。陈晓强大作中已有详细说明。①但这里考虑到它的语言特色,特做简介。

无常,指死亡,《汉语大词典》解释为人死的婉辞。敦煌其他契约文书中亦有此词,如S.2199《唐咸通六年(865年)尼灵惠唯书》:

> 尼灵惠唯书。咸通六年十月廿三日,尼灵惠忽染疾病,日日渐加,恐身无常,遂告诸亲,一一分析。不是昏沉之语,并是醒骿之言。

又如P.3410《僧崇恩析产遗嘱》:

> ……优婆姨清净意比至无常已来,支苃渠上地贰拾亩。先清净意师兄法住在日,与牸牛壹,母子翻折为五头,一任受用。与白绫壹匹,方耳铛壹口,柒两银盏壹,小牙盘子□面,沙弥宜娘比至清净无常已来,承事清净意,不许东西。无常已后,一任随情取意,放汝宽闲。肆岁特牛壹头,布放修功德。清静意无常已后,资生活具少小之间,亦与宜娘。……②

这里的无常均指死亡。今西北方言中将自杀寻短见称为"寻无常",也就是寻死的意思。

### 六、敦煌古代农舍(民居)建筑结构

从遗书中所记录的分到吴通子和吴善集名下的房地产看,吴安君一家拥有一座相当规模的农家庄园,其中包括全家人居住的院落的厅堂居室,应该是坐北朝南的四合院式,南面开大门,北背面为正堂,东西设厢房等,同时还有庑舍(牛舍马厩等牲畜饲养场所)、打谷场、园囿,以及部分属于自家的田地等。业师姜伯勤先生曾

---

①陈晓强:《敦煌契约文书语言研究》,第164—165页。
②沙知:《敦煌契约文书辑校》,第510—512页。

就此有专文论述,①笔者深受启迪。敦煌写本中保存的其他一些分家书也有类似的记录。如P.2685《戊申年善护遂恩兄弟分书》:

> 城外舍,兄西分三口,东分三口。院落西头小牛舞(庑)捨(舍)合。捨(舍)外空地,各取壹分。南菌,于柰子树巳西大郎,巳东弟。北菌,渠子巳西大郎,巳东弟。树各取半。②

又如P.3744《僧张月光张日兴兄弟分书》:

> 兄僧月光取舍西分壹半居住。又取舍西菌从门道直北至西菌北墙,东至治谷场西墙,直北巳西为定。其场西分壹半……大门道及空地车敞并井水,两家合。其树各依地界为主。又缘少多不等,更于日兴地上,取白杨树两根。塞庭地及员佛图地,两家亭分。菌后日兴地贰亩,或被论将,即于师兄菌南地内取壹半。弟日兴取舍东分壹半居住,并前空地,各取壹[半]。又取舍后菌,于场西北角直北巳东,绕场东直南□□舍北墙,治谷场壹半。③

关于敦煌民宅的布局、方位、面积等方面,黄正建、赵贞等学者皆有研究成果问世④,兹不赘。此处补充几幅敦煌的图像资料加以证明:

S.P.6是出自敦煌藏经洞的一件历日印本,其中的"镇宅符"部分就有住宅的大体布局。从图中看,除供居住的堂舍之外,宅院中还有马坊、鸡舍、羊舍、碓硙台、仓库、佛堂等。这可能是当时敦煌普通农家的住宅院落。

①姜伯勤:《论敦煌"守庄农作"型外庄与"合种"制经营》,载《敦煌研究》2006年第6期,第74—81页。

②录文参见唐耕耦、陆宏基《敦煌社会经济文献真迹释录》第二辑,全国图书馆文献缩微复制中心,1990年,第142页。

③录文参见唐耕耦、陆宏基《敦煌社会经济文献真迹释录》第二辑,第145页。

④黄正建:《走进日常:唐代社会生活考论》,中西书局,2016年;赵贞:《唐宋沙州城形制及城坊略论》,《出土文献研究》第9辑,2010年,等。

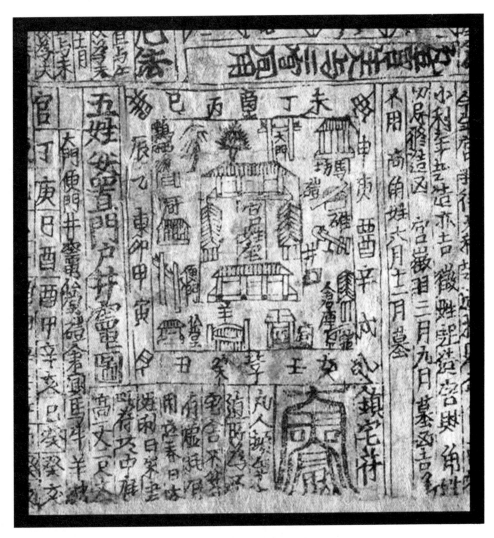

敦煌印书 S.p.6 镇宅符

　　P.3121 是一幅绘有一定规模的舍前庄园图残卷,包括厩、门前圈、巷道、万子胡口马场、万子胡园场并道、东园、井、平水园,以及舍南地二拾亩半、舍西地四十七亩(西临大河)等。一个中等农户的所有房屋(图中残缺)、牲畜、土地全部集中在一起,从侧面展示了古代敦煌农业家庭的基本情况。

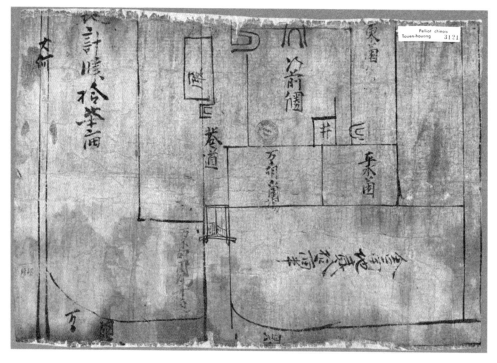

敦煌遗书 P.3121 庄园图

敦煌莫高窟中,与遗书同时期的多幅壁画绘制有农家庄园图。[①]如第85窟宅舍西连马厩,后边(北边)有正在耕作的田地;第6窟的院落西侧为马厩,而东侧与正在耕作的田园(东园)相接;第98窟所绘庄园布局与第6窟相同,只是宅院为两进;第454窟的规模更大一些:宅院为东西两院,西院连接庑舍,后面(北面)为搭有茅舍的田园,整个庄园依山傍水,显得很有气势和情调。第55窟绘制的则是院和庑舍后面的田园,包括茅舍、牛栏、果园、农田等。这些本来应该是表现佛教经典中关于未来世界"一种七收"等内容,但当时的画家们绘制的是自己熟悉的社会生产与民众生活场景,浓郁的乡土气息和生活情趣,让我们领略了一千多年前的敦煌田园风光,更主要的是给我们研究的这份遗书提供了生动而珍贵的图像资料。

---

①本节所述敦煌壁画插图均采自敦煌研究院编,王进玉主编:《敦煌石窟全集·生活科技画卷》,商务印书馆香港有限公司,2005年,第82—88页。

莫高窟第6窟庄园图

（原刊于《中国古代法律文献研究》第12辑，社会科学文献出版社，2018年）

# 尚书曹仁贵史事钩沉

## 一

　　早在1943年,日本学者藤枝晃先生发表《沙州归义军始末》①,提出曹仁贵为曹氏归义军第一任节度使问题。1980年,由日本众多敦煌学家共同编写的皇皇巨著《敦煌讲座》出版,在第二卷《敦煌历史》中,这一观点被认可,特别是由当时的青年学者森安孝夫所写《回鹘与敦煌》一章,对此有较详的论述和肯定。②

　　尽管这一问题早为中国多数敦煌学者所熟知,但在学术界并未进行过激烈争议。到1987年,唐耕耦发表《曹仁贵节度瓜沙始末》一文,指出曹仁贵是瓜沙曹氏归义军第一任节度使,其主要根据是P.3929《甲戌年(914年)归义军节度兵马留后授官牒》文末的签名,经张政烺先生确认为"仁贵"二字。唐文还特别声明,他只是听说过并没有看到过藤枝晃论点及其相关的文章③。

　　敦煌研究院一批从事敦煌石窟考古研究的老专家们,如贺世哲、孙修身先生等,一直认为曹仁贵与曹议金是同一人,1990年,贺世哲发表《试论曹仁贵即曹议金》④对这一观点进行了论述。1993年,荣新江根据自己在伦敦考察所得新资料撰写并发表《关于曹氏归义军首任节度使的几个问题》⑤,对贺世哲先生的论断进行进一步论证。至此,曹仁贵即曹议金,这一看法在学术界似已定论。

---

①《东方学报》,1943年。
②大东出版社,1980年。
③《敦煌研究》1987年第2期。
④《西北师大学报》1990年第3期。
⑤《敦煌研究》1993年第3期。

敦煌文献中明确反映曹仁贵的资料,只有 P.4638 长卷正面黏接的曹仁贵献物状和上令公状,两份文献均无年代题记,有人将其比定在 916—918 年,盖因先限定曹仁贵为"首任曹氏归义军节度使"的年代,或认为仁贵(名)在启用议金(字)之前,即在 914—920 年的前提下,所得之先入为主之说论。①而唐耕耦文所谓经张政烺确认为"仁贵"签署的 P.3929《甲戌年(914年)归义军节度兵马留后授官牒》是否成立,尚待进一步探究。

有学者认为,曹氏首任节度使在前期先后使用过"尚书""太保"称号,称尚书者即为仁贵时,称太保者即为议金时。因为曹仁贵的两份文件上都有"尚书"署衔,而敦煌文献中有关这一时期"尚书"活动的记载还有一些,但并未引起学者们的重视,特别是 S.6417 中《国母天公主为故男尚书诸郎君百日追念祈福文》在笔者目前所见有关曹氏归义军研究的论文、著作中均未论及。1995 年,黄征、吴伟先生在《敦煌愿文集》中对此文献作了录文、标点并校注,但对"故男尚书"也未作解释。笔者自己虽然以前也多次在缩微胶卷和有关书刊上看到这份文献,但未曾细究。1997 年11 月,笔者在英国国家图书馆阅读了 S.6417 原件,下意识地感到必须对此有一个解释,为此不揣冒昧,将自己掌握的有关曹仁贵问题的资料一并理出,草就此文,谈一些个人的看法,以向治瓜、沙归义军史的专家、学者们求教,也希望学界同仁批评指正是幸。

二

前文已及,敦煌文献中明确反映曹仁贵的资料,只有 P.4638 长卷正面黏接的曹仁贵献物状和上令公状。两份文献均不长,这里全文移录:

**一、献物状**

1.玉壹团重壹斤壹两,羚羊角伍对,硇砂伍斤

---

① 荣新江:《归义军史研究》,上海古籍出版社,1996 年,第 96 页。

2.伏以碛西遐塞,戎境

3.枯荒,地不产珍,献无

4.奇钒。前物等并是殊方

5.所出,逾狼山远届敦煌,

6.异域通仪,涉瀚海来

7.还。沙府辄将陈

8.献,用表轻怀,干黩

9.鸿私。伏乞

10.检纳。谨状。

11.权知归义军节度兵马留后守沙州长史银青光禄大夫检校吏部尚书兼御史大夫上柱国曹仁贵状上

## 二、上令公状

1.仲秋渐凉,伏惟

2.令公尊体起居万福。即日仁贵

3.蒙恩,未由拜伏下情,倍增

4.瞻恋。伏惟

5.鉴察。谨因

6.朝贡使往,奉状不宣。谨状。

7.八月十五日权知归义军节度兵马留后守沙州长史银青光禄大夫检校吏部尚书兼御史大夫上柱国曹仁贵状上

需要说明的是,这两件文书都写于敦煌,而受礼物者及令公,均为从中原来的官吏。

P.4638正、反两面抄写和黏接有多份文献,有据可查写得最早者为931年(抄写年代更晚),晚者才为937年,包括曹良才赞、有关海晏和龙晉辩的文书等。因此仁贵这两件文书亦当写于此间。

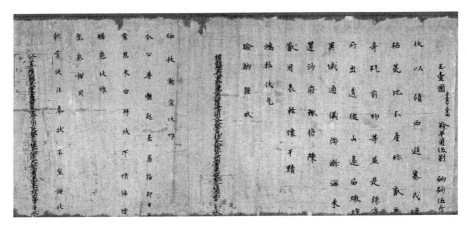

敦煌遗书 P.4638 局部

敦煌文书 P.2049V2 为《长兴二年(931年)净土寺诸色入破历》,有云:

粟叁斗,送路令公及回迎尚书用。

这里所记,与 P.4638 二件所记为同一事,即由敦煌的尚书接待中原的令公。五代时,曹氏政权在敦煌接待中原使者,这样的事并不太多,而且职务又相吻合。由此可以推定,曹仁贵献物状与上令公状两文件均写于931年。文中所记曹仁贵"归义军节度兵马留后守沙州长史",是他担任的实际职务。曹议金时期,议金频频亲率大军征讨或出使而多不在敦煌,故有曹仁贵的留后一职。也正是因为曹仁贵此时充留后之任,便有了 P.4638 献物状与上令公状的产生。

我们在 P.3461《岁首窟上燃灯文》所见有列"刺史"之后的"留后":

次为使主厶官延祐,皇□以佛荫而加新;国母天公主长年,宠泽共仙岩而转秀;牧鷰刺史、留后,□固无乖;娘子郎君,永祧之业方大。

此文献写于936年正月十五日,[1]此时元德(列于天公主之前的"使主某官")已任节度使,并因而列于留后之前的"刺史"则为曹元深,时为瓜州刺史,所以这里的留后只能是曹仁贵。另外仁贵列于刺史之后,也透露了他与曹氏家族的关系(详后)。

我们回头再看 P.3239 被许多专家认为是"仁贵"的字样,实际上并不是仁贵二字,而是在中国很早就存在的一种押署符号。这种符号在9世纪后期,逐渐由简单

①参见拙作《敦煌文书莫高窟岁首燃灯文辑识》,《敦煌研究》1997年第3期。

变得复杂。这一点在敦煌文献中例子很多,也有学者专门研究过此事。再仔细看这个签署,与正文中的行楷虽出自一人之手,但书法完全不同,按中国书法的常识,同一个字的行书笔画只能比楷书笔画少,而这一签署,笔画明显多于"仁贵"二字。而这个符号,笔者以为很可能就是曹议金初掌归义军政权时期的押署符号。

三

曹仁贵的实际职务是"归义军节度兵马留后守沙州长史"。沙州长史实际上是归义军节度使的办事机构负责人,按唐旧制,节镇(节度使府)所在州的(都督府)长史一般由节度使本人担任,这种情况到晚唐时期有所改变,但此长史职务还是由与节度使最亲近者来任。而曹仁贵担任归义军节镇沙州的长史,即说明仁贵在曹氏家庭中的身份、地位非常特殊,而且"尚书"这一高贵称号也同样说明了这一点。

早在曹议金执政时期,文献中就出现了列于"刺史"之后的"尚书"。S.663《某官佛事斋文》云:

> (前略)又持是福,伏用庄严:我太保贵位,伏愿福如海岳,承虎节而延祥;禄极江淮,治河西而世代;国太(泰)吉庆,比日月而渐圆。公主夫人恒昌,保芳颜而永洁。刺史、尚书等固受(寿),愿接踵而绍隆。诸小娘子延长,寿贞兰而皎皎。

这里的太保即曹议金,公主、夫人即议金夫人天公主李氏与广平宋氏,刺史即沙州刺史曹元德、瓜州刺史曹元深,而这位列于刺史之后的尚书,当即曹仁贵。曹议金称太保之年,一般认为是926—928年,但议金的一些称号一直是混用的,特别是像太保之类的高级称号,况且这些称号者都是其下属在敦煌范围内用,书写上并不十分严格,亦无明确的年代限制。如大王称号,一般认为在931年后才用,但实际上在922年前后就已经在使用了①,不过仅仅限于瓜沙地区。所以,S.663也可能

---

①王惠民:《曹议金执政前期若干史事考辩》,《段文杰敦煌研究五十年纪念文集》,世界图书出版公司,1996年。

是曹议金晚年的文献。

关于这位尚书的活动年代,最晚的记载大概是P.4046《天福七年(942年)十一月二十二日曹元深回向疏》称:

> 司徒宝位,宠禄日新,同石劫而长荣,并江淮而不竭;尚书民俊,抱文武之宏才。

这里的司徒为曹元深,尚书即曹仁贵。

P.3763《净土寺诸色入破历》被认为也是942年的文献,其中有记:

> 立机一匹、官布一匹,尚书小郎君患念诵入。

即是说,曹仁贵于942年时年纪并不太大,被称为"尚书小郎君"。

## 四

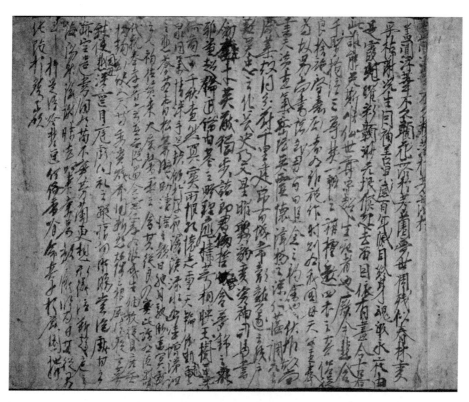

敦煌遗书S.6417局部

因资料有限,我们这里先将S.6417V《国母天公主为故男尚书百日追福文》全文录出:

1. 盖闻浮华不久,显(鲜)花落于芳园;梦世凋残,似春林变

2. 孚(乎)枯谢。况生因福善,果感百年,灭同终身,魂归永夜,由

3. 是霞光曜彩,颢渺无垠,倏忽去留,因依有尽,今古有

4. 此,谁能免斯? 唯佛世尊,早超生死者也。厥今悲含

5. 千圣,抱泣三尊,焚一瓣之旃檀,邀四衣之真俗,从

6. 良舍施,启嘉愿者,有谁施作? 时则有我国母天公主奉

7. 为故男尚书诸郎君百日追念之福会也。伏惟故尚

8. 书天资直气,岳降英灵,怀济物之深仁,蕴调元之

9. 盛业,故得分符千里,建节百城,常彰龚遂之风,户

10. 叹吴忠之化;长史乃文星曜质,豹变资神;司马书

11. 剑辟才,英猷独步;诸郎君俊哲[□□],皆含梦锦之花(龙);

12. 雅量超群,武备由基之略。理应棣萼相映,玉树莲(连)青;

13. 何图一日千秋,杳然冥窦。所恨孔怀恚重,天轮俄逝于重

14. 泉,同气情深,手足顿倾于厚夜。潺溪绿水,幽壹增涕泗

15. 之悲;苍萃青松,萧飒助凄凉之韵。日驰月驰,渺透冥露(路)

16. 之人;福往资来,大展馨香之会。其从良乃比讠合有德;乳哺

17. 代亲,奉孝尊堂,并谷愆过,念慈仁孝,有彼成生,抽放从良,广无

18. 构钩。幻(愿)使人天等秀,贵贱齐闻,断怨烦恼之根,厥使菩提之萼,

19. 致使国母悲深丧目,庭亏问礼之踪;痛切肝肠,尝绝献甘之

20. 迹。空遣书剑,有苗不实芳兰;更想形仪,泣断趋庭之

21. 诲。阳升阴谢,昧去明来,斋为钦仪,俄临百日。其从男

22. 云云。于是清吟梵匣,供备重食,命真子于鹿园,构

23. 纯陀于鹫岭。

此国母天公主者,即曹议金之回鹘夫人陇西李氏,议金死后为曹氏后人称为国

母。既如此,则证明此故男尚书死于议金之后、天公主之前,故在其死后百日由国母天公主为其主办追念福会。在曹议金死后,被还健在的"国母天公主"称为"故男尚书"者,非仁贵莫属。因为其他几位公子如元德、元深均已不用此过时之称号,而年纪尚轻的曹元忠为议金之另一夫人广平宋氏所生,在天公主离世三十多年后才死去。由此可以断定,仁贵是议金与李氏所生之子。能让国母天公主急瞎双眼者,除非是自己的亲生儿子,亦非仁贵莫属。

曹议金最少有四个儿子,即元德、元深、仁贵、元忠。元德、元深均为曹议金之结发妻钜鹿索氏所生,议金执掌归义政权时,索氏可能已去世。议金时期的各类斋文中,往往将"公主夫人"前后并列,说明李氏长于宋氏,因之仁贵长于宋氏之子元忠。既如此,议金与李氏结婚当在914年执掌归义政权后不久,而仁贵则于此后一两年出生。在目前所见曹氏归义军时期的文献中,李氏一直占据议金第一夫人之位置,这在很大程度上是政治的需要,因为当时甘州回鹘十分强大,曹氏归义军初期还要代已灭亡的"西汉金山国"履践与甘州回鹘的父子之盟,曹氏归义军的发展和强大也与甘州回鹘关系重大。李氏之子仁贵在成年后也就被安排为掌管节度府衙的沙州长史,并在节度使外出时期行其职,称"节度兵马留后",而安排其长子元德、次子元深分别为沙州和瓜州刺史。而当后来元德、元深先后继任节度使时,仁贵仍官居"尚书",一直到死。

综上,被"国母天公主"李氏在这里为其作"百日追念之福会"的"故男尚书"即仁贵。李氏几年内先后遭受丧夫、丧子之痛,自己也在丧子百日之内,有了"丧目"(双目失明)之疾,并于爱子百日之忌举办追念之福会,而有此"追福文"传世。

仁贵一行死因不明,在《追福文》中,描述仁贵死后只有天公主急瞎双目,但没有出现作为同胞兄弟的节度使、刺史等人及其态度,说明仁贵之死,有一定的政治背景。值得注意的是,在"追福文"中一同被追念者,还不止"尚书"一人,而是"尚书诸郎君"。这就是说,与曹仁贵同死的还有天公主的其他儿子,天公主为曹议金所生并不止仁贵一子,既然是数人同死,则无疑是一同死于非命。

S.6981DV《请法奖讲经文》①开首云：

> 伏惟司徒、司空、仆射、尚书等，并是龙胎间气，风骨天然，碧天白月，
> 赤水古殄；文化妙备于陈思，武略全生于韩信；故得禅风逐驾，瑞兽随轩，
> 忠孝常幼于福慈，每敬幽宗于佛理者，则司徒、司空、仆射、尚书之德。

这里的司徒为节度使曹元深，仆射系曹元忠，尚书即曹仁贵，唯司空不知所指。这份文书写于曹元深称司徒时期，即942年后。但在这里将仁贵与元忠的位置调换了一下，而且本来尚书一职要高于仆射。这一现象也反映出某种迹象。

早在记述曹元德和李氏建成莫高窟今第100窟的功德赞文S.4245（成书于935—939年）中，就不再出现尚书一名。不过，此文中除司空元德、天公主李氏之外，其余曹氏男女均以"诸幼郎君昆季"一笔带过。与S.4245同时期的P.3550《都衙镌大龛发愿文》（即曹议金妹夫张怀庆营造莫高窟今第108窟的发愿文）中，有司空元德、天公主李氏、刺史元深而无尚书。在曹元深执政、建窟时期的斋愿文P.3457中（成书于942年顷）也有国母天公主而无尚书，②而在与P.3457同时的P.3269《司徒（曹元深）作佛会发愿文》中，也是在司徒、天公主之后写刺史与小娘子，而此时的刺史是瓜州刺史曹元忠。尚书、留后等似已退出曹氏政坛。

曹元德执掌归义政权时期，经过曹氏政权二十多年的经营，瓜沙地区已由初期的内忧外患逐步走上了强盛和繁荣，这样就使曹氏与回鹘的关系有了一定的改善。一方面，这种改善主要表现在曹氏对甘州回鹘的态度方面。因为天公主在世时，不时可摆出来让人看看，而她死后在曹氏大窟中一次也没有再现过，这一点就连一般的敦煌贵族也不如，而议金父子们一直到三四十年后还被作为已故的供养人画在窟上。另一方面，议金子孙辈中再未发现有娶甘州回鹘公主为妻者。从这一历史现象中可以窥探曹仁贵兄弟们的死因，大概是一项政治阴谋和行动。对此，希望日后更有新资料或新成果。

---

①此文书定名从荣新江《英国图书馆藏敦煌汉文非佛教文献残卷目录》，新文丰出版公司，1994年。

②S.4245、P.3550、P.3457等文书录文，参见拙作《敦煌莫高窟史研究》，甘肃教育出版社，1996年。

仁贵诸郎君可能死于曹元深时期,前述 P.4046《曹元深回向疏》所记最晚者942年。这时作为仁贵之弟的曹元忠已羽翼丰满,两年后便继元深任节度使,执政30余年,开创了曹氏归义军历史上的极盛时期,而且在这一时期完全摆脱了甘州回鹘的羁绊。根据种种现象分析,曹仁贵的死与雄才大略的曹元忠不无关系。

这里还有一个问题,就是曹议金之子均为"元"字辈,仁贵与此相悖,为议金子似不可信。根据现有资料只能作如下解释:既为议金与天公主李氏所生之子,在取名上与其他诸子有别亦可理解,而且,议金与天公主所生非仁贵一子,尚有其他"诸郎君"亦应有与仁贵相应之名,只是有待新资料的发现及进一步的探讨。

## 五

曹氏权贵们均热衷于在敦煌莫高窟、安西榆林窟等处大兴土木、营造佛窟,但在莫高窟的曹氏大窟中,一直没有发现关于曹仁贵的只言片语。当然,这并不等于没有,只是需要我们进一步考察。

仁贵在世时期,曹氏及其幕僚们在莫高窟所建大窟依次有第98、108、232、256、100、454等窟。这些洞窟中,除第232和256窟甬道的原曹氏供养像被全部覆盖外,其余诸窟都保存有曹氏官吏供养像,只是其题榜多已泯灭。只有保存较好的第454窟,甬道南壁绘曹议金至曹延禄六任节度使的供养像,作于976年顷,与曹仁贵无涉。

莫高窟第98窟是曹议金的功德窟,建成于925年顷,俗称"大王窟"①,该窟甬道南壁是曹氏家族男士们的供养像,共十二身,其中最后四身是列成两排、共用一题榜的小像。即使不计后面四身,单就前面八身而论,第一身曹议金,题榜存;第二身至第八身题榜均不存;同第100窟相较,可知第二身为曹元德,加上元深、元忠,一共才四身。后面看不清题名榜者还有四身。笔者认为,第三至第八身中,必有一位是曹仁贵,而且,曹议金的儿子不是三个,也不是四个,而最少是七个(这里将最后

---

① "大王窟""天公主窟""张都衙窟"等窟名,据敦煌文书 Dy.0322《腊八燃灯分配窟龛名数》。

的四身小像看作议金孙辈）。

莫高窟第98窟曹氏父子供养像

与莫高窟第98窟相邻的莫高窟第100窟建成于939年顷,俗号"天公主窟",甬道南壁绘以曹议金为首的曹氏家族男士十一身,分四组:第一组一、二身议金(已故)、元德题榜均存;第二组三、四、五身同样大小,但又小于第一、二身,题榜不存,但无疑是曹议金的三个儿子、元德的三个弟弟;第三组六、七、八、九身同样大小但又小于第二组,现无题榜;第四组十、十一身更小。这里只从第二组就可以认定有曹仁贵。

莫高窟第108窟为曹议金的妹夫张怀庆的功德窟,建于939年,俗号张都衙窟。甬道南壁虽东部有塌毁,但尚存曹氏家族男供养像七身。与第100窟一样,第一、二身为议金、元德,题榜存;第五至第七身属一组,题榜无存,当为议金子辈,其中必有仁贵。

莫高窟第100窟曹氏父子供养像

莫高窟第108窟曹氏父子供养像

曹氏时期,每一位节度使都在莫高窟建造以自己为窟主的大窟。作为尚书的曹仁贵看来也不甘落后。P.3763《净土寺诸色入破历》记:

　　粟二斗,沽酒,尚书安窟檐时将用。

　　粟二斗,尚书上梁时窟上来日迎和尚用。

在莫高窟崖面上曹氏诸节度使所建大窟多已确认。但位于北大像第96窟北侧二层的大窟第233窟也为曹氏大窟,只是因被后代重装已非原貌,但原建时的痕迹,包括窟檐痕迹至今历历在目,推测可能为曹仁贵所建。

# 六

通过以上分析,我们大致可知曹仁贵的一些情况:曹仁贵是曹议金的第三子,其生母即议金之回鹘夫人天公主陇西李氏。议金时,元德、元深分别担任沙、瓜诸州刺史,元忠尚幼,而仁贵较元忠年长,以议金与李氏之子身份为尚书事其左右,任节度使府所在地的沙州长史,并于议金出兵或出使不在敦煌时充归义军节度兵马留后守沙州,故有接待中原使臣之上令公状和献物状。平时,仁贵也参与敦煌石窟的营造,或有自己的功德窟。但仁贵一直排名于元德、元深之后,盖因曹氏立长不立幼、兄终弟及之制度所致;仁贵未曾经中原王朝任命和未曾担任过节度使一职,故一直被称为"尚书"。仁贵在曹元深时期(942年前后)死于非命。

（原刊于《敦煌学辑刊》1998年第2期）

# 敦煌文书 S.2472V《佛出家日开经发愿文》小议

据《敦煌遗书总目索引》《敦煌遗书总目索引新编》,S.2472 卷正面为《大佛略忏一卷》,背面有宅舍尺寸、油面历杂写、释门杂文、辛巳年十月廿八日荣指挥葬巷社纳赠历(原题)、辛巳年十月三十日算会州司仓公廨斛斗(原题)等文献[1],其中后两件文书众多专家做过研究,并考证辛巳年为 981 年[2]。而前面的宅舍尺寸和油面历杂写及释门杂文,截至目前尚未见有人进行过著录和研究。笔者现就其中"释门杂文"的相关问题谈点自己的看法,以求教学界师友及同仁。

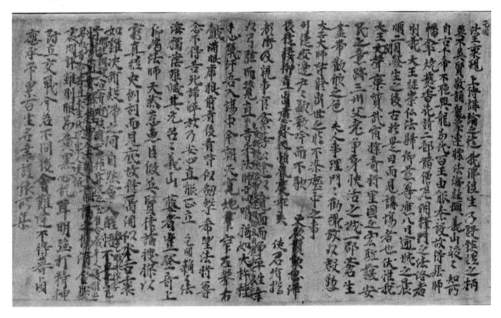

敦煌遗书 S.2472V

---

①见《敦煌遗书总目索引》《敦煌遗书总目索引新编》。

②录文参见《敦煌社会经济文献真迹释录》(一),书目文献出版社,1986年,第373—374页,同书(三)287页。

## 一、录文与定名

"释门杂文"全文如下①:

1. 某乙闻

2. 法王里现,上传讲论之徒;我佛但(诞)生,乃设谈经之柄。

3. 莫不英贤敬颂,龙象连标,法海经颓,义山峻峻。知所

4. 自古千帝,不听兴龙;前代百王,由能秦设。故得张师

5. 幡伞,烧爇香花,请二部诸僧尼,开释门之法俗者,

6. 则我大王继宗佛法,归仰慈尊,应八日逾城之晨,

7. 顺二月发生之后,古(故)于是日建讲场者也。伏惟我

8. 大王,闻声乐质,武宿标奇,将里国之宏,蕴安

9. 民之□意;迹三州父老,争身快活之城;一郡苍生,

10. 尽带欢欣之色。夫人事理门门,劝织放(纺)以般勤;

11. 太子大师,皆修出世之时,不染尘中之事。

12. 司徒安边,户户欧(讴)歌吟而不歇。【更欲赞叹恐滞

13. 后徒接御直出应承又怕礼度乖失】使君捐伪,

14. 都衙及亲事官僚等公,途以竟面而争平姓,幸

15. 以弓弦而竟直。【某乙更欲赞叹,恐滞后徒接御直出应承又怕礼度乖失。】昔来法师高喝,犹如大杵,种

16. 悉战汗,吾入场中。今朝天宽地窄,左攀右

17. 鼓,满眼虎狼;前看后看,皆似剑击。希得法将,尊

18. 念不得;苦死唬呼,放(方)乃安心,直能正立。某乙闻:籍籍法

19. 海,独阴难减其元;召召义山,蒌者岂登奇(其)上。

①注:录文用标准简化字,尽量按原字迹抄录,明显的错别字在其后"( )"内注出,"【】"内为原卷删除之文字。图版见《英藏敦煌文献》第4册,四川人民出版社,1991年9月,第84页。

20. 仰为法师，天然□(聪)惠(慧)，臣假英贤，律论搜探以

21. 穷直，经史刨刮而见底。故得唇开似水，舌里

22. 如锥，决断疑滞之间，自然令人醒悟。【不是某乙】但某乙雕冰作字，

23. 醪住调发，空有痴焰凝心，貌抱昏沉之至。准合藏身，人后推步，

24. 君前昔命，苟且求生。伏恐众人笑怪，疑

25. 【将沉直亦释推总全因入讲论之场，消金】

26. 处问讯，虽则眼前黄黑，心乱耳明。强打精神，

27. 对立交战。今若不问，后会难逢。不得暮卤，

28. 应承带累，百生名幸，谨依所集。

仔细看来，"释门杂文"应该是一件于佛出家日(二月八日)由官家专设道场，请某僧人开经演讲的发愿文，因此拟名为《佛出家日开经发愿文》(以下简称"《开经文》")较为贴切。

## 二、所及主要人物与成书年代

从行文看，《开经文》是曹氏归义军时期文献。文中提到的"大王"，为曹氏归义军诸节度使称王者，以及执掌归义军时间较长的曹议金(914—935年，在位年代，后同)、曹元忠(944—974年)、曹延禄(976—1002年)及后来的曹宗寿(1002—1014年)和曹贤顺(1014—1036年)。又据荣新江等研究，节度使们一般都不是一上任就立刻称王，而是过了几年以后，如曹议金是在930—935年，曹元忠在964—974年，曹延禄在984—1002年后。

本卷背后两件文献的辛巳年，学者们认定为宋太平兴国六年(981年)，时当曹延禄执政初期。而《开经文》与纳赠历等粘贴一纸，说明其时相距不会太远。问题是，曹延禄在981年时还没有使用"大王"称号，而同一时期的"司徒"等为何人，《开经文》中也不见相关的记载。当然，从曹延禄时期开始，敦煌文献中有关归义军官府活动的文献保存也比较少。

P.3827《曹延禄牒》①称：

> 1.权归义军节度兵马留后金紫光禄大夫检校司空兼御史大夫上柱国
>
> 谯县开国男食邑三百户臣曹延禄
>
> 2.当道去开宝七年六月六日臣父薨亡,臣兄瓜州防御史金紫光禄大
>
> 夫检
>
> 3.校司徒兼御史大夫上柱国谯县开国男食邑三百户延恭充归义军节
>
> 4.度兵马留后,寻便差臣权知瓜州军州事,充归度军度副使。至(后缺)

补充说明一下:专家们认为此件与P.3660为一件,后者末署"太平兴国四年四月□日权归义军节度兵马留后金紫光禄大夫检校司空兼御史大夫上柱国男食邑三百户臣曹延禄",因此认定此件为太平兴国四年(979年)②。当时曹延恭已死,曹延禄已经执掌归义军大权。这是延禄向北宋报告曹氏归义军近年的情况。不过,对我们本文的论题来讲,两件是否为同一件,年代是否为979年,固然重要,但更重要的是这里所叙述的历史事实。

这里记载得很明确,曹延禄父亲曹元忠在任节度使之时,曹延恭的职衔就是"瓜州防御史金紫光禄大夫检校司徒兼御史大夫上柱国",并以此职称在曹元忠死后"充归义军节度兵马留后"执掌曹氏归义军军政大权。延恭只在曹氏归义军节度使上任两年(974—976年)之后就与世长辞。虽然时间短暂,但延恭早在962年时就在瓜沙归义军冒称"司空"而位列三公,主要主持瓜州方面的军政事务,他的"司空"称号一直到去世时还在使用(S.3978《司空迁化纳赠历》)。作为归义军节度使曹元忠的法定继承人,在曹元忠执掌归义军时期实际上是以副手的身份出现的,早就握有归义军的部分大权。所以,当元忠年高病重之时,延恭很自然地掌握了归义军大权,说明曹延恭实际上已经代替曹元忠处理归义军的日常军政事务,维护瓜、沙地区的稳定和繁荣局面,即本文所谓"司徒安边"。

---

①该卷图片见《法藏敦煌西域文献》第28册,上海古籍出版社,2004年。

②荣新江:《归义军称号研究》,《敦煌学》1992年第19辑,第51页。

既如是,《开经发愿文》所记"大王"当为曹元忠,"司徒"当为任瓜州防御史的曹延恭,"夫人"应即曹元忠夫人浔阳翟氏,其成书年代当在曹元忠执掌归义军政权的晚年,很可能就是974年曹元忠去世之前。

《开经文》中还提到一位在敦煌曹氏后期文献中比较常见的人物:太子大师。关于"太子",专家们早已做过研究,认定其为于阗太子①。曹氏归义军时期,与于阗国累代联姻,曹议金之女嫁于于阗国王李圣天为后,李圣天与曹氏之女又嫁给曹延禄为妻②。据敦煌文献记载,李圣天与曹氏之子李从德及其弟从连、琮原作为于阗国的三位太子,曾在敦煌长期生活并接受汉族传统教育,敦煌还有专门为他们建的太子庄及太子宅③。李从德后来回于阗继承王位,二太子(从连)好像死于敦煌的一次战争。此《发愿文》成书之时,于阗太子李从德早已不在敦煌。而此太子大师应该是于阗三太子琮原,他后来没有回于阗,而是留在敦煌并出家为僧。以太子身份出家为僧,无论年龄大小、学问高低,他都可以被当之无愧地称为"大师"。

文献中有"太子广济大师"可能就是这位琮原太子,出家后法号广济④。由于他身份高贵,所以经常在当时一些公私活动的公众场合频频露面,《开经文》为他作祈愿也是情理中事。不过他手中似乎没什么实权,他的出现也就是一种形象的象征。因为除了像佛事活动这样的场合外,他也出现在很多"荣亲"宴会场合(S.4700、S.4121、S.5643、北周45、P.3942、P.3440入破历也有记载)。

### 三、《开经文》所表达的心态试析

曹氏归义军时期,所有由官府主持或举办的佛事活动,都带有明显的政治目的。此《开经发愿文》也不例外。

《开经文》的作者,似乎为斋主长官与讲经法师之外的第三人。文中有对长官

①施萍婷:《本所藏酒帐研究》,《敦煌研究》1983年创刊号。或认为是曹氏太子,见沙武田、赵晓星:《归义军时期敦煌文献中的太子》,《敦煌研究》2003年第4期第45—51页,该文对太子相关的研究成果有系统总结。

②贺世哲、孙修身:《瓜沙曹氏与敦煌莫高窟》,敦煌文物研究所编《敦煌研究文集》,甘肃人民出版社,1982年。

③杨森:《五代宋时期于阗皇太子在敦煌的太子庄》,《敦煌研究》2003年第3期,第40—44页。

④敦煌遗书S.6178,参见前揭沙武田、赵晓星文,第49页。

及官府家族的赞颂,也有对讲经法师的颂扬。但值得注意的是本文的后半部分,作者分别以斋主和长官的语气,心态有些消极。从行文看,似乎是长官或法师均已到了弥留之际,弱不禁风。按理说,曹元忠时期是曹氏归义军的鼎盛时期,为何"今朝天宽地窄,左攀右鼓,满眼虎狼;前看后看,皆似剑击",又为何"眼前黄黑,心乱耳明。强打精神,对立交战"? 看来,弥留之际的曹元忠已经感觉到来自身边的威胁,似乎是更多的人希望他早日宾天,以便新主执政。不过,他还有最后一口气,他要利用这次法事以显示自己还有能力。但发愿文的语气相当低调,已经没有了往日叱咤风云、气吞山河的气概。

《开经文》中对司徒等人的赞叹一段颇令人寻味:"司徒安边,户户欧(讴)歌吟而不歇。【更欲赞叹,恐滞后徒,接御直出应承,又怕礼度乖失】使君捐伪,都衙及亲事官僚等公,途以竟面而争平姓,幸以弓弦而竟直。某乙更欲赞叹,恐滞后徒,接御直出应承,又怕礼度乖失"。作者原想被赞叹者以司徒为止,赞叹称颂他"户户欧(讴)歌吟而不歇"的"安边"功绩,但同时又意识到这样做有失礼数和法度,为了掩人耳目,后面又加上使君、都衙及亲事官僚等,并将原写在司徒后面又涂去的一段话添加进来。这里反映了作者左右为难的复杂心情,既要为病中的大王曹元忠祈福,又要讨好执政的司徒曹延恭,还不能得罪其他相关的更多人。

如上所述,《佛诞日开经发愿文》为道场活动文书,又称"表文"。这类文书的正本一般是在诵读结束后当场焚烧,保存下来的有两种情况:一是作为范本,供识读和学习用;另一种就是草稿或底稿,一般写在其他写本的背面,或者作为废弃旧纸来托裱正面写本。《佛诞日开经发愿文》即是写在背面的草稿,修改痕迹明显,而且从修改的痕迹中显露出一些微妙的信息。

由此看来,S.2472V《佛诞日开经发愿文》也算是归义军时期的重要文献之一,是成书于曹氏归义军的一个非常时期的文献,所记载和反映的内容也比较特殊,在同时期的同类文献中还没有发现过第二件。其中还有一些尚待研究的问题,容日后进一步探讨。

[原刊于《石河子大学学报(哲学社会科学版)》2015年第2期]